독학자를 위한

손자병법 읽기

독학자를 위한 손자병법 읽기 : 군사의 기동성에서 개념의 유동성으로

발행일 초판1쇄 2023년 11월 15일 | **지은이** 최경열
펴낸곳 북튜브 | **펴낸이** 박순기 | **주소** 경기도 고양시 덕양구 소원로 181번길 15, 504-901 |
전화 070-8691-2392 | **팩스** 031-8026-2584 | **이메일** booktube0901@gmail.com
ISBN 979-11-92628-24-0 04150

책으로 만나는 인문학강의 세상

독학자를 위한

손자병법 읽기

독학자의 공부 03

孫子兵法

군사의 기동성에서
개념의 유동성으로

최경열 지음

북튜브

| 일러두기 |

1 이 책에서 인용한 『손자병법』과 『손자병법』에 대한 주석 등, 한문 문헌의 한국어 번역은 모두 지은이가 옮긴 것입니다.

2 한문 문헌을 번역하여 인용한 경우, 독자들이 직접 한문 원문을 접할 수 있도록 번역문의 끝에 한문 원문을 수록했습니다. 단 인용이 길게 이어지는 경우에는 단락이 끝나는 곳에 해당 단락의 원문을 수록했습니다. 수록된 원문의 출처가 되는 도서는 권말의 참고문헌으로 정리하였으며, 이 책에서 인용한 한문 원문이 수록된 온라인 사이트도 함께 모아 참고문헌에 정리했습니다.

3 단행본의 제목에는 겹낫표(『 』)를, 『손자병법』, 『사기』 등의 편명에는 낫표(「 」)를 사용했습니다.

4 인명·지명 등 외국어 고유명사는 2017년 국립국어원에서 펴낸 외래어 표기법을 따라 표기했습니다.

서문 '독학자의 공부' 시리즈를 펴내며

— 자기만의 읽기를 위하여

'독학자의 공부'라는 시리즈로 네 권의 책을 세상에 내보낸다. 각각의 책들의 제목은 모두 '독학자를 위한 ~ 읽기'라고 붙였는데, 강조점은 '읽기'에 놓인다. 읽기는 자신을 집중해 참여시키는 적극적인 행위다. 서양에서는, 적어도 영어권에서는 '읽는다'(reading)는 말을 포괄적으로 사용한다. 그들은 전공에 상관없이 공부를 모두 '읽는다'는 말로 표현한다. 셰익스피어를 읽고 프로이트를 읽고 마르크스를 읽으며 헤로도토스를 읽고 바이블을 읽는다고 한다. 근사한 말이다. 그들의 어법을 따르자면 공부란 읽는다는 말과 동의어다. 공부만큼 자신을 몰두하는 일이 없으니 읽기란 자신을 몰입시킨다는 말과 다르지 않다. 하지만 읽기 이전에 대상을 선택하는 행위가 먼저 있고 대상 선택은 완전히 자신만의 판단으로 이루어지지 않는다. 가치 있는 책에는 사회적 인정 혹은 통념이 끼어들기 마련이다. 읽기가 자신만의 결정임에도 거기엔 이미 외부의 개입이 전제된다. 외부 개입은 많은 경우 독서행위에 영향을 끼친다.

독서는 해석이기도 하다. 자신의 경험과 지식을 동원해 텍스트와 대화하고 충돌하는 행동이다. 텍스트에는 텍스트를 가치 있게 만든 역사의 무게와 전문가의 권위가 두껍게 쌓여 있어 독서는 텍스트 자체와 대면한다기보다 텍스트의 아우라를 확인하고 추인하는 과정일 가능성이 높다. 독서가 어려운 까닭이 여기 있다. 자기 의지를 힘껏 발휘해 정신을 고양시키는 고상한 행동인데도 확정된 가치를 재확인하는 작업에 그치는 이상한 결과. 그렇다고 독서행위가 만족감이 떨어진다거나 덜떨어진 행동이라는 뜻은 아니다. 세상에서 귀하게 여기는 유산을 맛보고 누릴 수 있는 것으로도 읽기는 훌륭한 일이다. 폄하할 필요는 없다. 그러나 독서가 지평을 넓히려면 다른 세계를 만드는 행위로 나아가야 하지 않을까, 자기만의 읽기를 통해.

'독학자의 공부' 시리즈를 구성하는 개개의 책들은 모두 3부로 구성했다. 책마다 약간의 차이는 있지만, 대체로 제1부는 텍스트를 둘러싼 외부의 객관적인 정보를 제공한다. 여기엔 지은이의 목소리가 끼어들 여지가 거의 없다. 남의 말을 선택해 재배열한 것일 뿐이다. 예비작업이기에 간결한 정보

제공이 그 임무다. 제2부는 텍스트 본문을 소개했다. 주석가들의 작업을 샘플로 실어서 텍스트 읽기의 실례(實例)를 보여준다. 의도는 두 가지다. 하나는 고전의 가치가 후대의 다양한 읽기를 통해 풍부해졌음을 보여 주면서 동시에 다른 읽기가 가능하다는 암시를 주기 위해서다. 다른 하나는 가능하면 많은 글을 제시해 원문의 맛을 느끼고 원문으로 가는 길을 걸어 보도록 하려는 생각에서다. 고전 본연의 힘이 원문 중심으로 드러나도록 구성한 부분이 이곳이다. 제3부는 내가 읽은 고전의 모습이다. 제1부, 2부가 객관적이고 사회적으로 인정받는 가치를 제시했다면 제3부는 나 자신이 어떻게 읽었는지 사례를 보이고자 했다. 제목을 "독학자를 위한 고전 읽기"라 했으니 그 행동이 어떤 것인지 보여 주어야 하지 않겠는가.

제3부에 내 목소리가 담겼기에 공력을 제일 많이 들였다고 기억하는데, 돌이켜 보면 실상 제2부에 가장 많은 힘이 투입됐다. 나 자신의 목소리는 누구나 할 수 있는 설명 가운데 하나일 뿐, 원문을 뜯어 읽는 일이 백 마디 말보다 중요하다는 의식이 작용했던 게 아닐까. 자기 목소리를 내려면 텍스트를 읽어야 하고 어떤 경우든 자기 주장보다 텍스트가 우선한다는 생각이 우세했던 것 같다. 고전이라는 타이틀에 상응하는 텍스트의 빼어남이 내 목소리를 압도한 결과이고 그 생각은 틀리지 않았다고 판단한다. 다만 수록한 원문의 비중이 높

아 독자들이 읽기에 쉽지 않겠다는 불안감이 없지는 않다.

내가 선택한 네 권의 텍스트(『논어』, 『노자』, 『손자병법』, 『한비자』)는 어느 기준으로 보아도 하나로 묶이지 않는다. 내 선택 기준을 애기하라면 '현실과 어떻게 관련되었나'라는 막연한 잣대를 썼다고 애기할 수 있겠다. 텍스트가 탄생할 수 있었던 '시대와의 밀착도'가 판단 기준이었다. 그 기준에 따르면 『한비자』가 시대와의 밀착도가 가장 높다. 그다음이 『논어』로, 흥미롭게도 『논어』는 시대와 밀착하려 애를 썼음에도 불구하고 거리를 두려는 원심력도 함께 작용한다. 『손자병법』이야말로 전쟁이라는 당대의 중요한 과제를 다룸으로써 『한비자』보다 시대와 더 긴밀하게 얽혔다고 판단할 수 있으나 손자가 의도하건 의도하지 않았건 『손자병법』은 시대를 관통해 추상의 세계에까지 나아갔다. 그렇기에 『손자병법』은 놀라운 텍스트다. 『노자』에는 현실이 감춰져 있다. 개념으로 모든 걸 감싸면서 『노자』는 해석의 탄력성이 가장 높은 책이 되었다.

정확히 말하면 이들 텍스트는 시대와 현실에 어떻게 대응했는가라는 긴박한 문제의식을 가졌다고 말할 수 있겠다. 이 문제의식은 이들 텍스트가 쓴 언어에 조응한다. 아주 중요한 텍스트 『장자』가 빠졌는데 『장자』가 현실과 시대를 통찰

하며 그것을 '가지고 놀았다'는 점을 상기하면 다른 텍스트와 비교해 볼 수 있을 것이다. 『장자』를 떠올리면 『한비자』가 얼마나 진지하고 심각하게 시대를 고민하고 현실과 씨름했는지 알 수 있다. 『장자』와 『한비자』를 양극단에 두고 그 사이에 텍스트를 놓아 보자. 『한비자』 곁에 『논어』가 놓이고 그다음에 『손자병법』이 자리 잡으며 『노자』가 『장자』에 가깝다고 할 수 있을 것이다. 임시로 펼쳐 본 스펙트럼이지만 고전 읽기 시리즈에 사용하기엔 그런대로 쓸 만하다. 나만의 예시일 뿐이니 다른 배치가 얼마든지 가능하겠지만.

이런 구도를 파악하기란 각 책 제2부에 실은 예시문만으로는 역부족이다. 해서 제3부에 내 의견을 제시하되 충실하게 제2부의 공헌을 보충한다는 게 애초 기획이었다. 하지만 결과를 놓고 보니 제3부는 독학자를 위한 글에 더 가깝다. 독학자는 홀로 공부하는 사람이다. 홀로 공부하는 사람이기에 누구보다 "학이시습지, 불역열호"(學而時習之, 不亦說乎)의 말을 가장 잘 이해하고 체험하는 사람이다. 그러면서 독학자(獨學者)는 외골수로 빠지기 쉽고 곧잘 독단에 물들며 권위에 금방 투항한다. 고독을 견디기 힘들어 사회적 통념에 안이하게 타협하는 존재이기도 하다. 그렇기에 독학자는 독학(篤學)하는 사람이어야 하다. 독실한[篤] 공부란, 옛사람의 말을 따르자면, '널리 배우고[博學], 깊이 묻고[審問], 신중하게 생각하고[愼思], 분명하게 분별[明辯]하는 것'을 말한다. 독학자는 고독하기에 독실하게 공부해야 한다. 독학자는 입문자가 아니다. 입문해서 부지런히 나아가 자기 길을 찾는 사람이다. 입문했다 한들 언제까지 초보자로 남을 수는 없는 법. 그들은 어디엔가 묵묵히 살아간다. "숨어서 사는 이의 고운 마음을" 헤아리는 사람은 어디에나 있기 마련이다.

헤밍웨이는 『킬리만자로의 눈』이라는 소설 제사(題詞)에 이런 말을 써 놓았다. "(킬리만자로) 서쪽 정상은 마사이어로 '응가예 응가이', 신(神)의 집이라 부른다. 이 서쪽 봉우리 가까이에는 바싹 말라 얼어붙은 표범 시체가 하나 있다. 그 높은 곳에서 표범이 도대체 무엇을 찾고 있었는지 설명해 주는 사람은 지금껏 아무도 없다." 표범이 왜 거기서 죽었는지 설명해 주는 사람은 없어도 해석을 시도한 사람들은 적지 않다. '완성을 향해 가는 끝없는 추구.' 이것이 통상적인 해석이다. 나는 이 해석을 받아들이기로 한다. 독학자는 표범이다. 그러므로 이 책들은 '독학자'에 진정한 방점을 찍는다. 불안감 속에서 서투르게 혼자 길을 걷는 독학자들에게 이 책들이 자극이 되고 힘이 되길 바란다.

감사의 말을 꼭 따로 적고 싶다. 이 책들은 블로그에 연재했던 글을 모은 것이다. 마감에 쫓겨 서두르기도 했고 나중에 한 번 더 보리라는 생각으로 지나왔던 탓에 글이 흐트러진 꼴은 예상하고 있었다. 거기까지였으면 좋으련만 통독하고 보니 형편없는 볼품 정도가 아니었다. 마주한 글은 많이 무너져서 수리하는 선에서 그만둘 수는 없었다. 어떻게 손을 대야 하나. 교정쇄가 넘어왔을 때 지면에는 무수한 편집자의 주문이 붙어 있었다. 사려 깊은 의견, 예리한 지적은 말할 것도 없고 따끔한 코멘트에, 무엇보다 매서운 질문은 내 안이한 고민을 후려쳤다. 덕분에 수정하고 덧붙인 글이 적지 않다. 『노자』는 거의 새로 썼다고 할 수 있다.

이 모든 작업은 편집자와의 지면 대화가 있었기에 가능했다. 비문을 바로잡고 문장을 다시 쓰는 작은 일에서부터 문단을 만들고 조직을 구성하는 큰 일까지 긴장감을 유지할 수 있었던 건 편집자의 적극적인 참여 덕분이었다. 무릇 편집자의 존재란 이런 것이다. 편집자와 공동 작업을 했다 해도 과언이 아니다. 이 과정을 함께해 준 박순기 편집장에게 감사를 전한다.

2023년 9월

저자 쓰다.

차례

들어가며 _

이미 성숙한 사유 : 구체성에서 추상으로

『손자병법』은 경이로운 책이다. 경이감은 성숙한 사유에서 온다. 『손자병법』은 고대 중국의 가장 이른 시기에 쓰여진 책 가운데 하나다. 이 시기에 생각이 벌써 무르익었다는 사실은 『손자병법』을 거듭 돌아보게 한다. 깊은 사고가 가능했던 이유는 어디에 있을까. 춘추시대 국가 간 많은 전쟁이 효과적인 전쟁술(戰爭術)을 구하도록 강제한 데서 우선 찾을 수 있을 것 같다. 국가의 존망을 좌우하는 전쟁의 절박감을 일찌감치 체험한 것이다. 동시대 다른 손자(손빈孫臏)를 비롯해 많은 병법서의 존재를 떠올리면 병법서가 당대에 가장 시급한 문제였던 전쟁에 대한 대응책임을 알 수 있다. 그만큼 위기의식이 가팔랐고 전쟁에 대한 사유가 예사롭지 않은 수준이었다. 이런 외부요인뿐 아니다. 저자 손자의 개인 체험도 중요하다. 전쟁 준비에서 실전경험에 이르기까지 장수로서의 숙련된 체험은 뛰어난 저술을 가능하게 한 밑거름이었다.

이 조건을 결합한다고 좋은 저술을 보장하지 않는다. 『손자병법』 텍스트를 들여다보면, 체계적인 내용, 테마를 일관되게 이끄는 솜씨, 비유를 유려하게 구사하는 필력, 독자의 예상을 뛰어넘어 직진하는 문장의 박력 등, 단편적인 말을 모아 놓은 저술과는 다른 차원의 글임을 인정할 수밖에 없다.

유례없는 일관된 글쓰기는 어디에서 왔을까. 손자는 실감이 강하게 느껴지는 전쟁 경험에 얽매이지 않았다. 그는 전쟁의 구체성에서 개념을 창출하는 데까지 나아갔다. 개별 경험을 끌어안고 보편적인 개념으로 올라갔다 — 나는 이것을 성숙한 사유라고 부른다.

『손자병법』이 흥미로운 점은 지은이와 저작 시기를 분명히 알 수 있다는 사실이다. 지은이와 저작 시기를 알 수 있는 책이 있고(『손자병법』의 경우), 알 수 없는 책이 있으며(고대의 책 대부분), 저자에 대해 알아서 저작 이해에 도움이 되는 경우가 있는가 하면(많은 경우 그러하지만 꼭 그렇지는 않다) 그렇지 않은 경우(『노자』)도 있다. 저작과 저자와의 관계는 생각처럼 간단하지 않아서 저자에 대한 모든 정보를 안다고 저작을 더 잘 이해하는 것은 아니다. 그런데 『손자병법』은 저자와 저작 시기뿐 아니라 독자가 누구인지, 또 저작 목적이 무엇인지까지 분명히 드러난 희귀한 예에 해당한다. 독자와 목적까지 명시된 제한된 저술이 역으로 보편성으로 확장되었기에 『손자병법』을 성숙하다 부르고, 가장 이른 시기의 기록인데도 일관된 사유의 힘이 강력하기에 '이미'라는 말을 붙일 수 있다.

군사운용에 이용하는 실용적인 책. 누구에게 말하는지 분명한 저술. 독자는 누구이겠는가. 독자는 장군이다. 장군의 위치를 생각해야 한다. 장군은 전쟁 수행 책임자다. 이 말을 오해하지 말아야 한다. 전쟁은 임금이 하는 게 아니다. 장군이 움직인다. 군사들이 직접 전투에 뛰어드는 당사자이긴 하나 개별 전투와 전쟁은 다르다. 전쟁의 1차 책임은 장군이 진다. 장군은 위로는 임금과 이어지고 아래로는 군사와 접촉하는 자리다. 전쟁은 국가의 흥망이 걸린 큰일[大事]이기에 책임이 무겁다. 남의 땅[敵地]에서 수행하는 전쟁이기에 긴장해야 한다. 병사들의 목숨을 책임지기에 신중해야 한다. 돌발 상황에 빠르게 판단해 움직이기에 순발력이 필요하다. 결과를 예측하고 대비해야 하기에 현실 장악력을 갖춰야 한다. 큰 국면을 그려 두고 경중을 가려야 하기에 깊이 생각할 줄 알아야 한다. 장군은 전략가다. 전통 시대 리더의 모습을 이처럼 다각도에서 입체적인 상태로 보여 준 예는 없다. 전쟁을 수행하는 한 장군이 지도자라는 일반적인 개념으로 승화되는 예가 이것이다.

『손자병법』은 개별성이 보편으로 바뀌는 예로 가득하다. 전쟁은 투쟁으로 바꿔 읽을 수 있으며 군사들의 움직임은 수단의 운용으로 전환한다. 전쟁이 은유로 변하는 순간 『손자병법』은 전혀 새로운 텍스트로 변해 또 다른 읽을거리로 진화한다.

은유로서의 전쟁. 전쟁은 적과 대면해 낯선 환경에서 싸우는 행위다. 상대하는 적은 예상을 벗어나는 존재다. 환경은 주어진 절대조건이기에 통제 불가능한 영역이다. 이 둘과 함께 전쟁에 참여한 나는 삼각형의 구조를 이룬다. 적은 고정되지 않고 날씨를 포함한 지리 환경은 변화무쌍하기에 나 역시 끊임없이 움직인다. 삼각형은 늘 변하는 구조를 비유한다. 전쟁은 부딪치는 관계를 총괄하며 그 관계의 핵심에서 유동성이 생겨난다. 관계를 유동성으로 이해할 때 그 구조 안에 자신이 뛰어든 상태이기에 삼각형의 조건을 개념화하는 추상성도 따라온다. 이때 추상성은 개념만으로 운영하는 앙상한 관념이 아니라 몸으로 헤쳐 나가는 현실과 부딪친다. 현실과 추상성이 맞대면하고 피드백하면서 현실은 반성되고 재조정되며, 전환된 현실에 맞게 추상도 다른 단계로 진입해 역동적인 상호조응이 생긴다. 이를 사람들은 변증법이라고 불렀고, 손자는 전쟁술을 쓰면서 변증법을 완벽하게 체화했다.

『손자병법』이 영향력을 계속 발휘하는 까닭이 있다. 후대에 무경칠서(武經七書)라는 병법 클래식의 하나로 확정된 것도 『손자병법』의 가치를 증명하는 예이고 마오쩌둥을 통해 근대전의 모델로 활용되면서 세계적인 명성을 얻는 드라마틱한 곡절을 겪기도 했지만 내가 보기엔 『손자병법』의 영향력에는 좀 더 본질적인 연유가 있다. 그것은 현실을 바라보는 시각을 완전히 바꿔 놓았다는 데서 온다. 전통적인 자리에 서면 전쟁은 당위적인 면에서 부정되어야 할 악이었다. 아니면 교훈이나 역사, 혹은 상처로 기억되는 과거였다. 그러나 『손자병법』은 싸움이 냉정한 현실임을 인식시켰다. 그 냉정한 현실이란 눈앞의 상황이거나 환기되는 사건, 주어진 환경이 아니라 부딪치는 상황에 늘 새롭게 대처해야 하는 '지금'임을 보여 주었다. 다시 말해 현실은 언제나 낯선 것이다. 손자는 냉엄한 문장으로 정면을 보고 말했다.

전쟁 경험이 만든 현실을 보는 눈의 변화. 이 점이 『손자병법』의 성숙한 사유의 핵심일 것이다. 구체적으로 풀면 개념의 유동성과 변증법적 사고라고 얘기할 수 있다. 이 두 가지는 고대 중국의 기본적인 사유틀이다. 지금도 저류하는 형식이다. 전쟁이 은유이자 현실일 때 『손자병법』은 고전이라는 이름에 어울린다.

이것이 내가 읽은 『손자병법』의 초상화다.

1부

『손자병법』이라는 책

孫子兵法

1장 _ 가장 오래된 병법서

병법서의 대명사 『손자병법』

병법책은 한 가지가 아니다. 『손빈병법』, 『오자병법』, 『위료자』(尉繚子, '울료자'로도 읽지만 위尉는 벼슬 이름에서 왔기 때문에 '울'로 읽을 수 없다), 『이위공문대』(李衛公問對, 이위공이 당 태종의 군사 관련 질문에 대답한 책), 『사마법』(司馬法), 『육도』(六韜), 『삼략』(三略) 등등. 이 병법서들은 모두 중요하고 후대에 연구가 적지 않으며 큰 영향을 끼쳤다. 그럼에도 병법서 가운데 『손자병법』이 가장 중요하다. 왜 그럴까.

송나라의 유명한 문인 구양수는 「손자후서」(孫子後序)라는 글에서 "군사는 끝없음을 기[奇. 기奇는 중요한 개념이다. 후술하기로 한다]로 삼기 때문에 말하는 사람이 많은 게 당연하다"[兵以不窮爲奇, 宜其說者之多]라고 했다. 끝없이 변하는[不窮] 기발함[奇]을 병법의 핵심으로 본 진술이다. 구양수의 말은 『손자병법』에 주석자[其說者]가 많은 것을 가리킨다. 춘추 시대에 이미 13편의 온전한 텍스트로 존재했던 『손자병법』은(사마천 『사기』史記의 「손자오기열전」孫子吳起列傳에 『손자병법』이라는 제목이 보인다) 한나라 때는 82편이라는 기록이 보인다(『한서』漢書 「예문지」藝文志). 사마천이 본 13편은 한나라 이전 기록일 텐데 『한서』를 편찬할 시기에는 이본들이 무수히 출현했다는 말이다. 한나라 이후 송나라 때까지 생각해 보면 주석서도 많았으리라 짐작하기 어렵지 않다. 구양수의 발언은 엄밀한 판본 대조나 고증을 거치지 않았음에도 통찰력 있는 견해다. 『손자병법』에는 그만큼 파고들 여지가 많다는 미래형으로도 읽을 수 있으니까.

생각해 보면 구양수의 말은 『손자병법』 주석서에 한정하지 않고, 병서가 많은 이유를 설명한 글로 읽어도 무방하리라. 전쟁이 끊이지 않았던 중국 역사에 비춰 보면 『손자병법』 이외에 많은 병법서가 씌어졌을 거라는 예상은 무리도 아니고 실제로 위에 언급한 책 이외에도 병법서는 다양했다. 병법은 경험이건 이론이건 여러 사람이 쓸 수 있었고 많은 저자들이 여러 갈래로 병법서를 저술했다. 위에 언급한 책들을 중심으로 '무경칠서'(武經七書)라 일컫는 일군의 저서들만 떠올려 보아도 쉽게 알 수 있는 일이다. 그런데 유독 손자의 병법서만을 병법의 대명사처럼 칭하면서 손자를 높이는 데에는 이

유가 있다.

『한서』에는 병서를 넷으로 분류해 ①병권모(兵權謀), ②병형세(兵形勢), ③병음양(兵陰陽), ④병기교(兵技巧) 순서로 나누고 첫번째로 "오손자병법(吳孫子兵法) 82편, 도(圖) 9권(잔殘)"이라 하고 다음으로 "제(齊)손자병법 89편, 도 4권(망亡)" 순으로 기록해 놓았다. 한나라 때 『손자』라는 제목이 아니라 『손자병법』이라는 제목으로 확정되었음을 알 수 있는데 병법서의 수위(首位)에 기록된 것을 보면 이른 시기부터 손자의 책이 병법서의 으뜸으로 추앙되었음을 알 수 있다.

『한서』에 기록된 병법서의 목록을 살펴보면 '권모'에는 13가(家), '형세'에는 11가(家), '음양'에는 16가(家), '기교'에는 53가(家)가 올라 있다. '권모'에 수록된 일부분을 제외하고 나머지 책들이 후세에 거의 전해지지 않는 걸 보면 손자의 책이 가장 먼저 꼽히는 이유를 추측할 수 있다. 청나라 때 저명한 학자 손성연(孫星衍)은 "병가에서는 『손자병법』만이 가장 오래된[最古] 책이라 한다"[兵家言唯孫子十三篇最古]고 하면서, "옛사람들의 학문은 전통을 이어받는데 손자의 학문을 두고 황제(黃帝, 병법의 시조로 알려져 있으며 전설에는 『이법』李法을 저술했다고 전해진다)에서 직접 나왔기 때문에 그 책은 삼재(天·地·人)와 오행을 통하며 인의에 근본을 두고* 권모로 보충했다고 한다. 이 설명은 매우 정확하다"[古人學有所受, 孫子之學

或即出於黃帝, 故其書通三才·五行, 本之仁義, 佐以權謀. 其說甚正]라고 논평하고, “옛날 명장들은 『손자병법』을 쓰면 전쟁에서 이기고 『손자병법』과 어긋나면 패했다고 하면서 병법의 고전[兵經]이라 칭했으니 유교의 육예에 견주어도 진정 부끄럽지 않다”[古之名將, 用之則勝, 違之則敗, 稱爲兵經, 比於六藝, 良不媿也]고 말했다.

손성연이 『손자병법』을 높이 평가한 이유는 두 가지다. 역사적으로 황제(黃帝)로부터 이어지는 유구한 전통을 계승했고 실전에서 실패가 없었다는 것. 한마디로 이론과 실천이 완벽하다는 말이다. 손성연은 『손자십가주』(孫子十家注)를 펴낸 학자로, 우리가 현재 통용되는 『손자병법』을 볼 수 있도록 가장 좋은 판본의 책을 출판한 사람이니 공로가 크다. 특히 『손자병법』의 주석 중 가장 뛰어나다고 일컬어지는 『위무제손자주』(魏武帝孫子注)를 출판했다. 『위무제손자주』는 원전이 실전된 상태였는데 손성연의 책을 통해 읽을 수 있게 되었다. 그의 안목은 믿을 수 있다. 손성연의 평가를 보면 전통시대 사람들이 『손자병법』을 높이 쳤던 이유를 좀 더 구체적

* ‘인의에 근본을 두고 있다’는 의례적인 말에 혹해서 눈길을 줄 필요 없다. 핵심은 권모에 있다. 병법은 권모에 대한 책이고 권모는 한마디로 상대를 속이는 것이다. 「예문지」에서 『손자병법』을 ‘권모’에 분류한 것을 상기해 보라. 인의 따위와는 아무 상관 없다. 인의는 상대하지 않는 대담함, 이것이 병법서의 특징이고 『손자병법』의 핵심이다.

으로 잡을 수 있다. 손성연은 이 말을 책임질 수 있을까. 손성연의 말에 동의한다면 이론과 실천에서 뛰어난 점을 구체적으로 기론하는 것이 이 글의 임무가 될 것이다. 간접적이나마 이 정도로 『손자병법』이 중요하게 취급된 이유를 가늠할 수 있다.

그렇다고 거기서 끝낼 수만도 없다. 『손자병법』이 전통시대에 유명한 책이고 고전이라 칭해졌다면 그만한 가치를 많은 사람이 인정했다는 의미다. 그 경로를 따라 『손자병법』에 대한 주석서를 살펴보는 것으로도 책의 가치를 충분히 입증할 수 있을 것이다. 이 글은 군사적인 측면에 초점을 두기보다는 철학적인 공헌 쪽에 무게를 둔다. 손자의 사고를 따라간다면 군사와 철학은 다른 세계가 아니다. 『손자병법』은 군사운용의 기(奇)를 추구하면서 실전에 운용되는 현실적인 기술(art)을 통해 그에 따라 다른 개념을 만들어 재정의하고 융통성 있게 응용하는 지점까지 나아갔다. 용병의 구체성이 중국고전 특유의 '개념적 유동성'이라는 추상의 세계에까지 진입하는 것을 손자에게서 볼 수 있다.

내가 매혹된 지점이 여기다. 군사의 구체적인 기동성이 추상적인 개념의 유동성으로 변모하는 곳. 중국 고대의 고전을 읽을 때 부딪히는 난점 가운데 하나는 동일한 개념이 끊임없이 변하고 유동하며 응용되고 확장된다는 사실이다. 같은 글자를 쓰면서 개념어였다가 어느 때는 서술어로 바뀌는가 하면, 개념어가 고정되어 차곡차곡 다음 단계로 나아가는 건축적 논리가 아니라 방사형으로 변해 독서를 어렵게 한다. 손에 잡았다 싶으면 바로 다른 형태로 변용하고 이동하는 글쓰기라니. 당혹감. 『손자병법』을 읽으면서 어렴풋이 그에 대한 해답을 얻지 않을까 기대할 수 있었다.

서양에서의 『손자병법』 수용

먼저 『손자병법』이 서양에서는 어떻게 받아들여졌는지 서양어로 번역된 책을 이야기하는 것에서 시작해 보자. 『손자병법』의 최초 서양어 번역은 프랑스어로 알려져 있다. 예수회 선교사인 아미오(J. J. Marie Amiot, 한자 이름은 錢德明)의 번역으로 18세기 중반 이후, 나폴레옹 전쟁 전에 프랑스에서 출판된 기록을 찾아볼 수 있다. 사마천 『사기』의 최초 서양어 번역이 프랑스어였다는 사실을 아울러 떠올려 보면 프랑스의 동양학 연구 수준을 가늠할 수 있을 것이다.

영어 번역은 늦어서 중국의 마오쩌둥이 전쟁에 승리한 이후에 관심을 받게 된다. 미국은 장제스를 지원했음에도 마오쩌둥에게 패배했는데 이는 미국에 엄청난 충격이었다. 중국 상실은 훗날 매카시즘(McCarthyism)이라는, 공산주의에 대한 광신적 마녀사냥에 한 빌미가 되는데 이 소용돌이 속에서 중국전문가들 대부분이 행정부를 떠나면서 동아시아 정책에 큰 구멍이 생기게 된다. 다른 한편 군부에서는 중국에서의 패배의 원인을 분석하는 가운데 『손자병법』이 시야에 들어온다. 『손자병법』의 부상은 정확히 마오쩌둥이라는 인물에 대한 관심에서 비롯된 것이었다. 마오쩌둥이 능란하게 구사했던 새로운 전투방식(게릴라전)의 바탕에는 『손자병법』이 존재했다는 정보와 판단 때문이었다.

해군제독을 지낸 새뮤얼 그리피스(Samuel B. Griffith)가 번역을 맡은 것도 우연이 아니었다. 그리피스는 옥스퍼드 대학에서 중국군사사(Military history of China)로 박사학위를 받은 사람으로 상당한 식견을 갖춘 전문가였다. 『손자병법』은 '전쟁의 기술'(The Art of War)이라는 제목으로 알려졌는데 '병법'이라는 말, 즉 '군사 기술' 혹은 '군사운용 방법'이라는 뜻을 문자 그대로 번역한 것이다. 영어에 'The Art of ~' 하는 식의 제목은 일반적인데 '아트'(art)는 그리스어 테크네(techne)에 기원을 둔 단어로, 테크네라는 말은 한 갈래는 테크닉을 거쳐 테크놀로지(technology)로 변하고, 다른 한 갈래는 아트(art)로 변한다. 최첨단 기술(technology)이건 예술이라는 말로 흔히 번역하는 '아트'(art)건 모두 숙련된 기술·기예를 의미하는 테크네(techne)에 기원을 두고 있다. "인생은 짧고 예술은 길다"(Life is short, art is long)라는 말은 예술은 영원하다는 의미로 흔히 쓰이지만, 의사 히포크라테스가 원래 의도했던 그리스어 문맥에서 보면 배워야 할 기술(techne)이 너무 많아 그걸 다 배우기엔 인생이 너무 짧다는 말로 볼 수 있다. 그리스 원어 테크네의 원의가 전쟁술(the art of warfare)과 연결되고 통상적으로 정치술(the art of politics)과 이어지므로 영어 번역은 '병법'의 숨은 함의까지 포착해 정확히 번역했다고 하겠다.

사실 영어 번역은 20세기 초에 영국에서 이미 나와 있었다. 주석이 붙은 전문적인 번역서인데도 크게 알려지지 못했다. 그리피스는 영국사람 L. 자일스(Lionel Giles)의 앞선 번역을 알고 있었고 도움을 받았지만 『손자병법』이 널리 알려진 것은 그리피스의 번역을 통해서였다. 그리피스의 번역(1963)에는 영국의 유명한 전략가 리들 하트(B. H. Liddell Hart)가 『전쟁론』(Vom Kriege)을 쓴 근대의 전략가 클라우제비츠(Carl Phillip Gottlieb von Clausewitz)와 비교하면서 손자의 리얼리즘을 높이 평가한 서문이 실려 있는데 가치가 높은 글이다. 영문 번역은 190페이지 남짓한 콤팩트한 책인데 본문은 90페이지가 채 되지 않고 나머지는 고증에 입각한 전문적인 소개와 자료가 들어 있어 상당히 아카데믹하다. 영어권의 동양학 연구 수준을 보여 준 번역으로 『손자병법』의 성가를 높이는 데 중요한 역할을 했다.

구미에서 가장 널리 알려진 동양의 책을 들라면 『노자』와 『손자병법』일 것이다. 물론 여기에는 『논어』도 포함되지만, 『논어』가 1만 5천 자가량인 데 비해 『노자』는 5천 자, 『손자병법』은 6천 자 정도다. 양으로 볼 때 『손자병법』은 『노자』와 함께 만만한(?) 책이라고 할 수 있다. 언어도 함축적이어서 해석의 여지가 크니 응용 범위도 임의로 정해 써먹을 수 있다. 처세술이나 비즈니스에 적용하는 방식으로. 오랜 역사를 견뎌 왔다는 고전의 아우라를 품고 있고, 시대적 절박함 속에서 초기 번역이 이루어지면서 당대적 호소력을 지닌 데다가, 일상생활에 응용할 수 있는 다양한 층위의 언사들이 신비롭고 간결한 언어로 표현되어 있으니 여러모로 탐낼 만한 책이고 당연히 번역서가 많다.

지은이 손자

궁녀들을 훈련시킨 손무

서양에까지 널리 알려진 책을 쓴 손자는 어떤 사람인가. 손자는 손무(孫武)로 제(齊)나라 사람이다. 제나라에서는 두 명의 걸출한 병법가가 태어났다. 손무와 손빈(孫臏). 「예문지」에는

『오(吳)손자병법』과 『제(齊)손자병법』 두 권을 나란히 기록했는데 『오손자병법』이 현재의 『손자병법』이다. 손무가 한때 오나라에 가서 오왕 합려(闔廬)를 섬긴 적이 있기 때문에 둘을 구분하기 위해 손무를 오손자라고 칭한 것이다. 사마천은 『사기』 「손자오기열전」에서 손무와 손빈을 모두 소개하는데 손무의 전기는 손무가 오나라에서 군사를 훈련시키는 이야기만으로 간략하게 구성했다. 실제로 손무는 오왕 합려를 도와 오나라를 괴롭혔던 초나라를 공격해 초나라의 수도 영(郢)까지 함락시키는 위력을 보여 준다. 단순한 이론가가 아니라 실전에 강했던 명장이었던 것. 그런 면에서 보면 사마천이 손무의 전기 전체를 채운 군사훈련 장면은 음미할 만하다.

오왕 합려는 병법에 탁월한 손무를 만나 "그대의 13편을 다 읽어 보았으니 시험 삼아 군대를 훈련시킬 수 있겠느냐"라고 묻는다. 할 수 있다는 말에 합려가 부인들(여자)도 훈련이 가능한지를 묻자 거듭 할 수 있다고 대답하는 손무. 손무는 궁중 여자 180인을 뽑아 임금의 총애를 받는 두 여자를 둘로 나눈 부대의 대장으로 삼고 훈련을 시킨다. 요즘 말로 제식훈련이다. 우향우, 좌향좌, 뒤로 돌아. 북을 치며 설명하고 명령을 내렸는데 여자들은 크게 웃는다. 다시 한번 설명하고 명령을 내린다. 또 크게 웃기만 하는 여자들. 손무는 말한다. "약속이 명확하지 않고 내린 명령이 익숙하지 않도록 한 것은 장군의 죄이지만 이미 명백한데 법에 따르지 않는 것은 병사들의 잘못이다"[約束不明, 申令不熟, 將之罪也. 旣已明而不如法者, 吏士之罪也]. 그리하고는 대장이 된 총희(寵姬) 두 명을 목 베려 한다. 이때 만류하며 나서는 오왕. 손무는 말한다. "장수가 군대에 있을 때는 임금의 명을 받지 않을 수 있습니다"[將在軍, 君名有所不受]. 손무는 두 여자를 처형하고 시신을 조리돌림해 여자들에게 보여 준다. 그리고 다음으로 총애받는 여자들을 대장으로 삼고 훈련을 재개한다. 여자들은 명령에 완벽하게 복종한다. 손무는 왕에게 내려와 참관하시라 부탁한다. "왕께서 병사를 쓰시려 한다면 물과 불에 들어가라 해도 될 것입니다"[唯王所欲用之, 雖赴水火猶可也]. 보고 싶지 않다며 피하는 왕(이 구절은 총희를 잃어 맘이 상한 왕의 심리를 잘 보여 준다). 손무는 말한다. "왕께서는 단지 이론만 좋아하실 뿐 그 실제는 쓰려고 하지 않으십니다"[王徒好其言, 不能用其實]. 이에 왕은 손자가 용병(用兵)할 수 있다는 것을 알고 장군으로 임명해 강한 초나라를 친다.

사마천은 전(傳) 말미 평가하는 말에서, "세상에서 군사 문제를 얘기할 때 모두 『손자병법』 13편을 말한다"[世俗所稱師旅, 皆道孫子十三篇]라고 했다. 손자를 높이 평가했음을 당대의 의견으로 전해 준다. 손무의 전이 얼마나 잘 쓰인 글인지는 논외로 하자. 구성이 뛰어난 글이라는 지적만 하고 지나가자. 병법의 관점에서 손무의 전이 뛰어난 까닭은 병법이 어디에서 근원하는지 병법의 전체 윤곽을 명확히 설명한 점에 있다.

용병과 치병

병법의 근원은 무엇일까. 병법의 근원은 군법(軍法)에 있다. 군법은 군사(軍事)를 총괄하는 넓은 의미의 군사기술을 말한다. 병법은 군법의 하위범주로 좁은 의미로 쓰인 말이다. 병법이 주로 군사를 실제 전쟁에서 운용하는 용병(用兵)에 집중한다면 군법은 용병 이전의 단계까지 모두 포함한다. 군사(軍事)하면 대부분 전투에서 싸우는 병사들의 움직임 혹은 전투부대 단위의 전술을 떠올리기 쉬운데 이는 군사의 일부분에 지나지 않는다. 용병이 가능하려면 실제로 군사를 움직이기까지 보이지 않는 엄청난 노력이 배경에 있어야 한다. 이 배경을 국가의 경제력·행정력이라 다르게 부를 수 있다.

군법을 구체적으로 살펴보자. 첫째, 인력을 소집해야 한다. 인력 소집은 그냥 불러 모으는 데서 그치지 않는다. 인력 소집은 조직화와 밀접한 관련이 있기 때문에 이들의 명부를 작성해 부대편성의 바탕을 마련해야 한다. 둘째, 소집한 인력을 편성해서 군복을 입히고 먹고 잘 수 있는 공간을 마련해 주어야 한다. 셋째, 소집인원을 훈련시켜야 한다. 훈련은 중요하다. 군사훈련은 대규모 인원이 전투상황 속에서 당황하지 않고 명령에 따라 조직 전체가 일관된 움직임을 유지할 수 있도록 각종 군대의 표식과 암호 기능을 숙지할 수 있도록 만들어야 한다. 명령이 단기간에 병사 개개인에게 명확히 전달되어 움직일 수 있도록 체계적인 조직과 움직임이 몸에 익도록 해야 한다. 훈련과정에 공을 많이 들여야 실제 전투에서 병력 손실이 적고 승리할 수 있는 토대가 마련된다.

『논어』에서도 공자는 "백성을 가르치지 않고 싸우게 한다면 이는 백성을 버리는 것이다"[以不教民戰, 是謂棄之]라고 했다. 가르친다는 말은 바로 군사훈련을 제대로 시켜야 한다는 의미다. 공자가 생각한 군사훈련은 7년 정도라고 했으니(『논어』, 「자로」) 훈련은 뚝딱 해치울 수 있는 간단한 문제가 아니다. 군사 문제가 중요했던 것은 생명과도 직결되어서인데 백성들이 바로 병사들이기 때문이었다. 용병이라는 말을 사용했지만 병사들을 실전에 쓰는 행동을 용병이라 한다면 용병을 위한 준비단계, 특히 병사들의 훈련을 가리켜 치병(治兵)이라 한다. 치병은 용병의 근간일 뿐만 아니라 용병 가운데 치병은 존재한다. 용병과 치병은 별도의 두 개념이 아니라 동전의 양면이다. 용병에 주안점이 놓이지만 치병이 없으면 용병은 존재할 수 없다. 용병이 날카로운 움직임을 보이려면 치병이 높은 수준으로 유지되어야 한다.

손무의 훈련은 치병을 드라마틱하게 보여 준다. 여자들을 훈련대상으로 설정했는데, 농부들이건 젊은이들이건 상관없다. 치병은 조직이 먼저라는 사실을 보여 주려고 손무는 인원을 두 부대로 편성하고 대장을 임명해 체제를 편성했다. 아마 복장도 통일하고 편성에 맞는 깃발과 신호체계를 세웠으리란 점도 상상할 수 있다. 북에 맞춰 구령을 내리는 동작을 반복함으로써 명령체계의 작동과 각 부대에서 통용되는 신호체계를 익히도록 했다. 사마천은 원문에서 약속(約束)과 신령(申令)이라는 말을 썼는데 이는 군대에서 통용되는 조직 내의 언어를 말한다. 이 부분은 중요하다. 병사들이 자기 조직의 언어를 모른다면 병사를 움직일 수 없기 때문이다. 깃발의 움직임을 보고 신속하게 행동으로 변해야 하는데 이게 안 된다면 전투의 결과는 뻔한 게 아닌가. 이를 약속이라 했다. 약속에 상응하는 것이 곧 군령(軍令)이다.

군대에서 명령의 중요성은 두말이 필요치 않다. 그것은 작게는 군대에서 쓰이는 작은 신호와 암호를 의미하고 훈련할 때의 병사들을 움직이는 법칙이기도 하지만, 크게는 임금의 명령이 전달되어도 전쟁의 규칙을 먼저 생각하고 그 명령을 무시할 수 있는 큰 규범력이기도 하다. 그래서 손자가 오왕 합려의 명령을 받지 않을 수 있다고 한 것이다. 군령은 군법의 구체화이면서 군법의 각종 규정을 언어화한 것이다. 이 언어엔 각종 깃발의 크기와 모양, 색깔의 운용도 포함한다. 치병의 엄중함을 얘기하는 것으로 손무의 훈련과정을 흔히 읽지만 그 안에는 병법의 모태로서 넓은 의미의 군법을 얘기한다는 사실을 폭넓게 조망해야 할 것이다. 사마천은 손무의 훈련만으로 전을 구성했지만 손무의 가치와 병법의 핵심을 명확히 드러냈다고 할 수 있다.

『사마법』

병법의 모태로서 군법을 체계화한 저술이 『사마법』(司馬法)이다. 전설에 따르면 『사마법』은 위대한 문명의 창시자 주공(周公)이 지은 책이다. 현재 전하는 동명의 책은 사마양저(司馬穰苴, 이 사람 역시 제나라 출신이고 사마천의 전기가 있다)가 저자로 되어 있다. 후대에 주공의 책에 제목을 가탁해 찬한 것이라 추측할 수 있다.

특이하게도 「예문지」에는 『사마법』이 '병가략'이 아니라 '육예략'(六藝略)의 '예'(禮) 부문에 들어가 있다. 원래 「예문지」의 모본이었던 『칠략』(七略)에는 『사마법』이 병서(兵書)에 분류돼 있었는데 「예문지」에서는 『군례사마법』(軍禮司馬法)이란 제목으로 예(禮) 항목에 옮겨 놓았다. 군례(軍禮)라는 말 때문이었을까. 청나라 사고전서(四庫全書)에서는 『사마법』을 다시 병서로 분류했다. 『사고전서총목제요』(四庫全書總目提

要, 이하 『제요』)에는 반고(班固)가 『사마법』을 '예' 항목에 분류한 것을 두고, 『사마법』은 그 말이 주관(周官=주례周禮)과 출입이 많아 예로부터 전해 오던 '오례'(五禮)의 하나로 보아 그런 게 아니었을까 추측했다. 반고의 새로운 분류는 주공(周公)이 지었다는 전설과 유교화가 확립된 한나라의 변화를 가능하게 한다.

아울러 『제요』에는, 사마양저가 저자로 전해지는 『사마법』은 제나라가 관찬(官撰)으로 병서를 편찬하면서 대표자로 이름을 올린 게 아닌가 한다는 설이 실렸다는 점도 지적해야겠다. 춘추전국시대에서 한나라의 제국 통일에 이르기까지 각국의 전술가·장군들은 많은 병서를 남겼는데 병법 분야에서 유독 제나라가 두드러지는 점이 특이하다. 『제요』는 또한 『사마법』을 두고 "삼대 군정의 남겨진 규범"[三代軍政之遺規] 등을 기록했다고 했다. 하은주 삼대의 군사(軍事)를 다스리는[政] 규범이 이어져 담겼다는 말인데 이 말을 통해 주공과 관련지으면서 치병에 주력한 저술임을 말하고 있다.

손자의 통찰력

다시 『사기』로 돌아가 보자. 사마천은 한 단계 더 나아간다. 두 애첩을 잃고 맘이 상한 왕에게 손무는 말한다. 왕께서는 "이론을 좋아할 뿐 그 실제를 쓸 수 없을 것"[好其言, 不能用其

實]이라고. "그제서야 왕은 손무가 용병할 수 있음을 알고 장군으로 삼아 초나라를 공격했다"는 문장이 이어진다. 손무에게 치병과 용병은 분리된 게 아니었고 군사(軍事)는 이론이 아니라 실제였다. 중요한 발언이다. 치병과 용병이 한 몸이고 이론과 실제가 일체라는 사실만큼 중요한 건 없다. 특히 병법에서는. 오왕 합려는 『손자병법』을 읽고 이론은 이론일 뿐이고 치병은 다른 문제라고 생각했던 것이다. 손무는 그게 아니라고 궁중 훈련을 통해 눈앞에서 입증해 보였는데도 임금은 움직이지 않았다. 그랬기에 실전에 쓸 수 없다고 강하게 말하여 임금의 선입견에 충격을 준 것이다.

사마천은 여기에 와서야 '용병'이라는 말을 씀으로써 오왕 합려의 변화를 보여 준다. 정확한 표현이었다. 이렇게 되면 다음 일이 어떻게 벌어지게 될지 능히 알 수 있다. 우리가 아는 것은 초나라를 멸망의 문턱까지 가게 한 손무의 대단한 전과이지만 사마천은 훈련과정을 상세히 보여 주면서 손무가 전쟁에 이길 수밖에 없었음을 증명해 보였다. 놀라운 필력이다. 손무에 대한 신뢰가 마련됐으니 『손자병법』의 적실성은 구구하게 설명할 필요가 없다. "세상에서 군사 문제를 얘기할 때 모두 『손자병법』 13편을 말한다"[世俗所稱師旅, 皆道孫子十三篇]라고 손자에 대한 평가를 간결하게 맺은 것도 더 이상 말이 필요 없기 때문이다. 손자에 대한 평가는 바로 『손자병법』에 대한 신뢰였던 것이다.

손무는 『손자병법』이라는 단 한 권의 책으로 설명될 수 있는 사람이다. 『손자병법』에는 용병과 치병이 분리되지 않는다는 전제가 깔려 있다. 손자는 당연히 용병에 집중한다. 그럼에도 치병과 용병이 분리되지 않는다는 사실을 잊으면 안 된다. 치병은 규범화할 수 있다. 그러나 용병은 이론화가 어렵다. 용병은 전투와 전쟁의 소용돌이 안에서 벌어지는 일에 집중한다. 전쟁은 한마디로 한다면 우연이라 할 수밖에 없다. 전쟁은 인간이 하는 일이다. 전투에 돌입하면 많은 변수들에 한꺼번에 부닥친다. 통제할 수 없는 일들이 곳곳에서 발생하고 돌발변수는 주변에 영향을 미쳐 예상치 못한 일들이 끊임없이 생긴다. 똑같은 전투는 없다. 전쟁의 격언 가운데, 전투가 벌어지고 5분 후면 작전 계획은 무용지물이라는 말이 있다. 인간과 인간이 부딪치는 데서 생기는 혼란을 정확히 표현한 말이다. 거꾸로 이런 무질서를 알기에 치병이 중요할 수밖에 없는 게 군사(軍事)의 역설이기도 하다.

손자는 전쟁상황을 정확히 인식했고 용병의 원칙에 집중해 통제할 수 없는 요소를 최소화하는 데 관심을 기울인다. 『손자병법』의 뛰어난 점이다. 통제할 수 없는 상황에 대해 숙고하면서 나름의 이론과 원칙을 세웠던 것. 따라서 『손자병법』에서 구체적 조언이나 불패의 작전비결을 기대할 수 없다. 언어는 포괄적이고 당위에 기댄 것처럼 보인다. 하지만 손자의 문제의식과 전쟁을 보는 그의 통찰력을 염두에 둔다면 『손자병법』은 다르게 읽힐 소지가 많다. 때문에 『손자병법』에 무수한 주석가들이 자신의 의견을 밝히면서 『손자병법』을 새롭게 읽고 해석했다. 시대가 다르고 문인(文人)이냐 무인(武人)이냐에 따라 견해가 다채롭다.

2장 _ 손자병법의 구성과 내용

손자병법의 위치

주석가들을 얘기하기 전에 「예문지」에서 언급한 병서의 분류 방법과 의미를 파악해 『손자병법』의 위치를 가늠하는 일이 우선일 것 같다. 그런 이후에 주석을 통해 『손자병법』을 얘기하면 책의 체계를 이해하는 데 도움이 될 것이다.

앞에서 언급한 것처럼 「예문지」는 병서를 네 종류로 분류했다.

병권모(兵權謀)

「예문지」의 정의를 보자.

> 권모는 올바름으로 나라를 지키고, 기이함으로 군사를 부리는 것이다. 계책을 먼저 세우고 전쟁은 그 뒤에 한다. 형세를

겸하고 음양을 포함하며 기교를 쓴다.

權謀者, 以正守國, 以奇用兵, 先計而後戰, 兼形勢, 包陰陽, 用技巧者也.

권모를 정의하면서 정(正)에 상대되는 기(奇, 기이함·기발함)를 내세운 점, 계(計)를 우선으로 둔 점, 나머지 세 가지 특징(형세, 음양, 기교)을 모두 포괄한다는 점으로 설명했다. 간결하게 핵심을 찔렀다. 권모를 제일 먼저 분류한 이유가 자연스레 드러난다. 정(正)과 기(奇)는 상대적이면서 서로 보완하고 지탱하는 개념이라는 점을 언급해 두어야겠다. 이 말에는 고실(顧實)의 『한지강소』(漢志講疏)의 다음 문장이 인용되었다.

『노자』에 "올바름으로 나라를 다스리고, 기이함으로 군사를 부린다"고 했다. 『손자병법』에 "무릇 전쟁은 올바름으로 적과 싸우고 기이함으로 적을 이긴다"라고 했다. 그러므로 병가와 도가는 통한다.

老子曰: "以正治國, 以奇用兵." 孫子曰: "凡戰者以正合, 以奇勝." 故道家·兵家通也.

고실의 말이 중요한 까닭은 이미 이 시기에 도가와 병가가 통한다는 진술이 널리 인정되었다는 점이다. 치국에 용병이 절실한 문제임을, 무력을 반대한다는 명분과는 별개로 실제로는 필수적이라는 사실을 환기시키는 말이다. 군사와 무력 행사는 평화라는 이상을 목표로 찬반이 나뉘는 경우와는 다른 차원의 사실임을 혼동하면 안 된다.

병형세(兵形勢)

형세는 천둥이 치고 바람이 부는 듯 움직이며 나중에 출발해도 목적지에 먼저 도착하는 것이다. 흩어졌다 모이고 등졌다가 다시 한 지점으로 모이는데 그 변화가 무궁하다. 가벼움과 날랜 움직임으로 적을 제압한다.

形勢者, 雷動風擧, 後發而先至. 離合背鄕, 變化無常, 以輕疾制敵者也.

'형/세'는 정/기(正/奇)의 개념쌍과 똑같이 상대적이면서 보완하며 서로를 지탱한다. 어느 하나가 없어서는 안 되며 어느 한쪽이 우세하거나 더 중요한 게 아니다. 전체적으로 '형세는 적에 따라 지리에 따라 능동적으로 대처해 병력을 배합하는 것'이라는 원칙을 잘 가리킨 말이다.

병음양(兵陰陽)

음양은 때에 순응해 시작하는 것으로 천지(天地)의 십간십이지(十干十二支)를 추론하고 북두칠성이 가리키는 곳[斗擊]에 있는 적은 상대하지 않는다는 말을 따르는 것이며 오행의 상승(相勝)에 맞게 움직이며 귀신을 빌려와 도움을 얻는 것이다.

陰陽者, 順時而發, 推刑德, 隨斗擊, 因五勝, 假鬼神而爲助者也.

용어가 어렵다. 음양오행 이론에 나오는 전문용어를 사용했기 때문이다. 쉽게 말하자면 천문(天文)과 지리(地理)를 알아 택일(擇日)과 지형을 선택하고, 자연물의 움직임에 따라 적의 동태를 파악하는 기술 등을 포괄한다. 미신과 과학이 혼합된 곳이고 종교와 심리학이 교차하는 곳이기도 하다. 옛날 군대에 점쟁이와 무당을 둔 것도 모두 이와 관련된다. 지금은 과학으로 학문화되었지만 예전에도 그만큼 중요했던 분야이다. 다른 말로는 술수(術數=數術)라고도 한다. 일상용어에서 '수를 쓴다'든지, '술수를 부린다'든지 하는 말도 음양이론과 관련된 군사학이 세속화된 경우라 하겠다.

병기교(兵技巧)

기교는 개개인이 손발을 움직이는 무술을 익히고 개인무기를 능숙하게 다루며 석궁 등 중요한 무기를 잘 비축해 공격과 수비에서 이기도록 준비하는 것이다.

技巧者, 習手足, 便器械, 積機關, 以立攻守之勝也.

기교는 개인의 연습과 집단의 무기 숙달 등 기술적인 측면을 다룬 책이다. 무기훈련 교재라고 볼 수 있겠다. 이어 병가(兵家)에 관해 총괄하며 글을 맺는다.

병가는 옛날 군사를 담당하는 관직에서 나왔을 것인데 역대 조정관리들이 담당한 군비(軍備)를 말한다. 『서경』의 「홍범」(洪範)에는 여덟 가지 정책이 보이는데 여덟번째가 군사다. 공자는, 나라를 다스리는 사람은 "양식을 풍족하게 하고 군사를 충실하게 해야 한다"고 했고 "백성을 가르치지 않고 싸우게 한다면 이는 백성을 버리는 것이다"라고 했다. 군사의 중요성을 밝힌 말이다.

兵家者, 蓋出古司馬之職, 王官之武備也. 洪範八政, 八曰師. 孔子曰爲國者, "足食足兵", "以不敎民戰, 是謂棄之", 明兵之重也.

문장은 이어져, 『주역』(周易)을 인용해 군사의 역사가 오래되었다는 말로 시작하면서 긴 역사를 다룬다. 군사 문제가 국가의 중대사라는 관점에서 병가를 서술한 것이다. 어떤 테마를 다룰 때 연원을 얘기하고 역사로 증명하는 전형적인 글쓰기지만 군사에 대한 생각을 분명하게 읽을 수 있다.

권모·형세·음양·기교 각각은 자기 나름의 분야와 쓰임새가 있는데 특히 군사 분야에 적용했기 때문에 앞에 병(兵)이라는 말을 붙였다. 이들은 모두 한나라 시대의 인식을 담은 분류임을 잊어서는 안 된다. 그럼에도 한나라 이전의 도서와 자료가 집대성되었다는 점에서 요긴한 참고항이다.

손자병법 각 편의 내용

옛글을 읽을 때는 순서를 눈여겨보아야 한다. 전통적인 도서 분류 경사자집(經史子集)도 유가 경전[經]을 먼저 두고 이를 기준으로 하위 분류로 나아간 것이다. 공자가 "군군, 신신, 부부, 자자"(君君, 臣臣, 父父, 子子)라고 했을 때도 공자는 군신(君臣)관계를 가장 중요하다고 여겼기에 먼저 언급한 것이다. 「예문지」의 분류에서도 '권모'를 수위에 두었는데 권모가 가장 중요하고 권모가 정해져야 다른 것도 운용될 수 있음을 나타낸 것이다. 권모를 논하면서 그 내용에 "나라를 지킨다"[守國]는 말이 들어간 것도 권모가 병법의 벼리임을 증명한다. 이 권모의 으뜸가는 책으로 『손자병법』이 놓였으니 왜 『손자병법』이 중요한지 간접적으로 설명이 되었을 것이다. 분류 방법에 보이는 네 가지 범주를 염두에 두고 『손자병법』을 읽어 보자. 『손자병법』 13편의 차례와 내용은 다음과 같다.

「[시]계」([始]計)

송나라 때 '무경칠서'*가 정리되면서 경전화가 완료되는데 '무경칠서'의 편자는 『손자병법』의 판본과 주석을 정리하면서 각 편의 제목을 약간 바꾼다. 원래는 「계」(計) 편이었던 것을 「시계」(始計) 편으로 고쳤다. 손자의 편명이 주로 두 글자인 것을 보고 한 글자로 된 제목을 모두 두 글자로 통일했던 것. 이하 4권과 5권의 편명도 마찬가지다. 제목이 '시계'(始計)가 되면서 '최초 계획을 세우다'라는 의미가 명확해진다.

---

* '무경칠서'는 『손자병법』·『오자병법』·『사마법』·『이위공문대』·『위료자』·『황석공삼략』·『육도』를 말한다. 『이위공문대』는 송나라 때 처음 편찬된 병서로 당(唐) 태종이 위공(衛公)이라 불린 당나라의 명장 이정(李靖)과 묻고 대답한 고서다. 『황석공삼략』은 『삼략』이라고도 불리는데, 한나라를 세운 유방의 참모 장량(張良)이 공부했다는 책이다. 황석공(黃石公)은 장량에게 병서를 전한 사람으로 알려져 있다. 그 이름에 가탁한 책이다. 『육도』는 『태공병법』(太公兵法)으로도 알려졌는데 은(殷)나라를 무너뜨리고 주나라를 세울 때 일등공신인 강태공의 이름을 붙인 책이다. 병법서에 유명한 사람의 이름을 붙이는 관습이 오래되었음을 알 수 있다.

「계」 편은 전쟁을 총괄하는 전체 계획을 세운다는 의미로 책 전체의 전제를 제시하고 방향을 알려 주는 중요한 장이다. 첫 문장, "군사는 나라의 큰일이다. 죽느냐 사느냐의 처지이고 존속하느냐 망하느냐의 길이니 살피지 않을 수 없다"[兵者, 國之大事. 死生之地, 存亡之道, 不可不察]는 문장은 병법의 대전제다. 이 말의 무게를 이해할 때 병법의 중요성을 받아들일 수 있다. 군사 문제는 국가의 존망이 걸린 큰일이다! 『춘추좌전』에 "나라의 큰일은 제사와 전쟁에 달려 있다"[國之大事, 在祀與戎]라고 분명하게 말하고 있다. 전쟁이 국가대사라는 사고는 오래된 전통이다. 이렇기 때문에 전쟁을 심각하게 사고하고 진지하게 파고든 것이다. 또 용장이나 맹장, 지장 같은 훌륭한 장군들을 뛰어넘어 군사 전략가라는, 큰 틀에서 대국(大局)을 보는 시각을 중요시하게 된다. 국가대사라는 말을 의례적인 말로 들어서는 안 되는 까닭이다. 국가의 존망이 걸린 일이기 때문에 나라 전체가 관여해 의논하고 계획을 짜야지 어느 한 부문에 맡기거나 의존해서는 안 된다는 말이다. 전쟁에서 군사를 움직이는 일은 국가대사가 정해진 이후의 실질적인 움직임이라는 뜻이기도 하다. 국가대사라는 첫번째 전제를 기억할 것. 그 전제에 따라 전쟁계획을 세우는 문제가 검토된다.

「작전」(作戰)

'작전'은 계획을 완전히 세운 후 국경을 넘어 적과 야전(野戰)을 벌이는 것을 말한다. 춘추시대 전투는 전차전이 주였으므로 「작전」은 전차전을 치르기 위한 군대 동원, 그에 따른 국가 행정력의 지원, 군사훈련 등등 치병 전반을 아우른다.

이 편의 핵심은 두 가지다. 속전속결로 전투에 이기는 것. "전쟁은 '서툴러 보여도 빨리 끝낸다'는 말은 들었지만 정교하게 해서 오래 지탱하는 것은 본 적이 없다. 무릇 전쟁을 오래 해서 국가가 이로웠던 적은 있지 않다"[兵聞拙速, 未睹巧之久也. 夫兵久而國利者, 未之有也]. 졸속(拙速)이란 말은 지금 아무렇게나 빨리만 해치우는 못된 일처리나 행동을 가리키는 나쁜 의미로 쓰이지만 손자의 원뜻은 치밀하고 정교한[巧] 전쟁을 한답시고 장기전에 들어가는 태도에 대한 비판으로, 어떤 수를 쓰든 이겨야 한다는 의미에서 한 말이다. 전쟁은 승리가 귀하기 때문이다[兵貴勝].

전쟁경제학이라는 측면에서 국가대사라는 말은 이렇게 적용된다. 빠르게 해치울 것. '경제'는 다른 면에서도 틀린 말이 아니다. 적국에 들어간 상황이므로 약탈을 해서 군대를 유지한다는 것. "국내에서 필요한 것은 가져가지만 적에게서 식량을 빼앗기 때문에 군량이 넉넉할 수 있다"[取用於國, 因糧於敵, 故軍食可足也]. "지혜로운 장군은 적에게서 식량을 구하는

데 힘쓴다"[智將務食於敵]. 전쟁은 가차 없다. 이기는 것이 절대 목표이고 죽고 사는 문제이므로 약탈의 옳고 그름은 쟁점사항이 아니다. 또 하나 눈여겨보아야 하는 전제가 있다. 전쟁은 남의 나라에 들어가서 벌이는 일이라는 것. 우리 땅이 아니라 적지에서 하는 게 전쟁이다. 아울러 "지혜로운 장군"이라 했는데 지휘관의 중요성이 언급되는 부분이다. "군사를 맡은/아는 장군은 백성의 목숨을 맡고 국가의 안위를 주관하는 사람이다"[知兵之將, 民之司命, 國家安危之主也]. 쟁투의 시대에 지휘관의 중요성은 전통시대 사서(史書)의 기록을 일별해 보면 충분할 것이다.

「모공」(謀攻)

'모공', 즉 공격 계획은 야전에서 승리를 거두고 적의 수도, 즉 성을 공격하는 계획을 수립하는 것이다. 적도 결전의 각오로 모든 준비를 갖췄기 때문에 '작전'과 마찬가지로 계획을 세운 뒤 공격해야 맞다. 다만 "백 번 싸워 백 번 이기는 것은 잘하는 것 가운데 가장 잘하는 것이 아니다. 싸우지 않고 적병을 굴복시키는 것이 잘하는 것 가운데 가장 잘하는 것이다. 그러므로 최고의 군사운용은 적의 계책을 치는 것이고 그다음이 외교관계를 치는 것이며 그다음이 적을 치는 것이며 그 아래가 적의 성을 공격하는 것이다. 적의 성을 공격하는 것은 어쩔 수 없기 때문이다"[百戰百勝, 非善之善者也 ; 不戰而屈人之兵, 善之善者也. 故上兵伐謀, 其次伐交, 其次伐兵, 其下攻城. 攻城之法, 爲不得已].

손자는 공성전이 최하의 방법이라고 일갈한다. 전쟁은 최후의 수단이고 적이 세운 최초의 계획을 치는 것이 최상이라 여겼던 것. 여기서도 공성전의 구체적인 방법은 언급되지 않는다. 원칙을 얘기하고 장군과 병졸 사이의 신뢰와 단합을 얘기할 뿐이다. "(우리 수가 적보다) 열 배 많으면 포위하고, 다섯 배 많으면 공격하고"[十則圍之, 五則攻之] 등등의 말이 보이긴 하지만 이 역시 개념적인 이야기다. 뻔한 얘기에 불과할까? 마지막 결론 부분에 유명한 말이 보인다. 승리를 알 수 있는[知勝] 방법 다섯 가지를 얘기하면서 내리는 결론이다. "적을 알고 나를 알면 백 번 싸워도 위태롭지 않다. 적을 모르고 나만 알면 한 번은 이기고 한 번은 진다. 적도 모르고 나도 모르면 싸울 때마다 항상 패한다"[知彼知己, 百戰不殆 ; 不知彼而知己, 一勝一負一 不知彼, 不知己, 每戰必敗].

우리가 아는 손자는 구체적인 전쟁 양상을 마스터한 사람이라기보다 전쟁이라는 모습 배후의 원칙과 원리를 사고하는 사람 같다. 자신을 안다는 말이 추상적이기는 하나 이것처럼 어려운 것도 없다. 적의 역량은 수치로 환산하고 통계로 따져 보아 힘을 추량할 수 있으나 그와 같은 냉정함이 자신에게도 그대로 적용될까. 누구도 시도하지 않은 전쟁에 대한 개념을 만들기 위한 손자의 노력은 곰곰이 생각해 볼 문제다.

이상 세 편(「시계」, 「작전」, 「모공」)이 계획[謀]이란 말로 묶을 수 있는 전쟁의 개요다. 전쟁은 계획으로 시작해 그 청사진으로 움직여야 한다는 것. 실전은 그 이후의 문제다. 계획이 전쟁의 토대이자 중심이며 기초라는 사실을 누누이 강조하는 것이 손자의 특징이다. 계획을 세웠으니 이하 실행으로 넘어가는데 손자는 중요한 관문 두 개를 세워 핵심 개념을 운용한다. 형세(形勢)라고 흔히 묶어 말하는 단어의 어원이 되는 두 편이다.

「[군]형」([軍]形)

병서를 분류한 「예문지」의 문장에서 '형세'를 논한 부분은 『손자병법』의 「형」 편과 「세」 편을 함께 묶어 이야기한 것으로 손자의 말을 가져와 표현한 뛰어난 정의다. 형과 세는 약간의 차이가 있다. 형은 형체, 혹은 형태로 눈으로 보고 파악할 수 있는 형식이다. 군사들의 진형(陣形)이나 제식훈련의 일정한 움직임을 생각하면 이해하기 쉬울 것이다. 그러나 이 형(刑=形)은 세(勢)를 위한 잠재력이기 때문에 정해진 격식으로만 생각해서는 안 된다. 형에 숙달해서 세를 만들고 상대방과 마주한 상황에서 예측하지 못하는 응용력을 발휘하기 위해 형은 존재한다. 그렇다고 세를 위한 단순한 준비나 예비단계는 아니다. 형을 완벽하게 익혀 준비하지 않으면 세를 만들 수 없기 때문이다. 전쟁의 승리는 스스로 형을 익힐 수 있는지에 달려 있는 것이다.

손자는 첫 문장에서 말한다. "옛날 잘 싸운 사람은 먼저 (적이) 자기를 이길 수 없는 상황을 만들고 (나는) 적을 이길 수 있도록 기다린다. 적이 나를 이길 수 없는 상황은 나에게 달려 있고 내가 적을 이길 수 있는 상황은 적에게 달려 있다"[昔之善戰者, 先爲不可勝, 以待敵之可勝, 不可勝在己, 可勝在敵]. 자기를 이길 수 없는 상황을 만든다는 것, 적이 나를 이길 수 없는 상황은 나에게 달려 있다는 것은 형을 두고 한 말이다. 형을 억지로 준비단계라고 명명할 수 있지만 사태가 발생하면 형은 바로 전투에 쓰이기 때문에 적을 이기도록 기다릴 줄 알고 적을 이기는 상황이 적에게 달려 있음을 파악할 줄 알아야 한다. 기다릴 줄 알고 상대를 파악하는 능력이 '세'다. 형은 자신을 중심으로 파악하고 준비하는 것이지만 세는 상대와 맞닥뜨렸을 때 만들어지는 역동성이다. 전쟁은 적과 부딪치는 것이기에 형세는 분리되지 않는다. 형이 없으면 세도 없다. 이는 다른 말로 되풀이된다. "잘 싸우는 사람은 지지 않는 자리에 서서 적이 패배하는 기회를 잃지 않는다. 이런 까닭에 이기는 군대는 먼저 이길 기회를 마련한 다음 전쟁을 하며 지는 군대는 먼저 전쟁부터 한 다음 이길 기회를 찾는다"[善戰者, 立於不敗之地, 而不失敵之敗也. 是故勝兵先勝而後求戰, 敗兵先戰而後求勝].

이 문장을 보면 형은 지지 않는 자리를 마련하는 중요한 단계임을 알 수 있는데 먼저 이길 기회를 마련하는 것이라 했으니 「계」(計)와도 연결되는 작업임을 알겠다. 글을 맺으며 손자는 말한다. "승리하는 사람이 백성을 써서 전쟁을 하는 것은 천 길 되는 계곡에 모아 두었던 물을 터뜨리는 것과 같다. 이것이 형이다"[勝者之戰民也, 若決積水於千仞之谿者. 形也]. 여기서 주목할 곳은 "모아 둔 물"[積水]이라는 말이다. 터뜨려서 엄청난 기세로 내려가는 것은 세(勢)다. 모아 둔 물이 형이다. 형이 준비된 다음에야 세가 위력을 발휘한다. 그러면서 다음 편 「세」(勢)로 연결된다.

「[병]세」([兵]勢)

형은 세와 결합해 추상성이 강한 개념으로 변한다. 형으로 토대를 다지면 세라는 움직임으로 변하는데 그 변화가 무궁하기 때문이다. 손자는 네 가지로 나누면서 논의를 연다.

① 분수(分數): "많은 병력 다스리기를 적은 병력 다스리듯

이 한다”[治衆如治寡].

② 형명(形名): “많은 병력을 싸우게 하기를 적은 병력을 싸우게 하는 것과 같이 한다”[鬪衆如鬪寡].

③ 기정(奇正): “삼군의 많은 군사가 반드시 적의 어떠한 공격을 받게 되더라도 패배하지 않는 것이다”[三軍之衆, 可使必受敵而無敗者].

④ 허실(虛實): “병력이 증가되어 돌로 계란 치듯이 하는 것이다”[兵之所加, 如以碫投卵].

이 네 가지는 무엇을 말하는 것인가. 공통점은 병력운용이다. 세는 한마디로 병력운용이다. 분수의 분(分)은 조직을 크고 작은 단위로 나누는 것을 말하고 수(數)는 인원을 말한다. 조직을 운용할 수 있게 편제해 잘 활용할 수 있도록 하는 것을 말한다. 형명은 분수를 효율적으로 통제하는 지휘체계를 말한다. 구체적으로 병력을 운영하는 데 쓰이는 명령·신호[名]와 명(名)이 전달되는 조직·무기[形]를 말한다. 옛날로 말하면 북소리의 횟수와 깃발의 움직임으로 서로 약속을 정하는 것이 명(名)이며, 형(形)은 깃발·북·징 등의 구체적인 물건을 말한다. 구체적인 사물[形]로 명령[名]을 내려 형세를 통제하는 것이다. 형명은 일치해야 하고 일치시켜야 하며 일치할 수밖에 없다. 형명이 법가에게 중요한 개념으로 이어지는 것도 여기서 연유한다.

기정(奇正)은 병력의 실질적인 분산과 배치를 말한다. 정(正)이 계획에 따른 병력의 운용이라면 그 움직임은 기(奇)라고 할 수 있다. 허실(虛實)은 기정과 비슷한 개념인데 군사 이동의 문제라는 점에서 차이가 있다. 이 가운데 기정과 허실이 가장 중요하다. 기/정, 허/실은 고정된 개념이 아니라는 사실을 다시 강조한다. 기가 정이 되기도 하고 정은 바로 기로 바뀐다. 허실도 마찬가지다. 객관적인 것이 언제나 실(實)이 아니며 허(虛)라고 해서 내가 반드시 적에게 지는 것도 아니다. 허실/기정이 복합적으로 변화해 나타나고 우발성이란 돌발변수가 많기 때문에 전쟁이 예측불허인 것이다. 허실은 다음 편에서 다시 논의되므로 설명할 필요는 없다. 세에서는 기정이 핵심이다.

네 가지로 분류한 다음 기정에 대한 논의로 들어간다. "무릇 전쟁은 올바름으로 적과 싸우고 기발함으로 승리한다. 그러므로 기발함을 잘 쓰는 사람은 천지와 같이 무궁하며 황하·장강처럼 마르지 않는다"[凡戰者, 以正合, 以奇勝. 故善出奇者, 無窮如天地, 不竭如江河]. 기와 정이 무궁하다는 말이다. 기정은 병력운용에 그치지 않는다. 기정은 철학·사상·정치와도 연결되는 중요한 개념이기 때문에 형명과 더불어 더 깊이 따져 보아야 한다. 어렵고 추상적이지만 모든 개념을 이해하는 기초이자 토대이기 때문에 뒤에서 자세히 다루기로 한다.

「허실」(虛實)

「허실」은 형세를 넷으로 나눈 것 가운데 마지막으로, 기정(奇正)과 겹치는 개념이다. 기정을 확대해 실제적으로 운용하는 것이다. 기정을 자유롭게 운용해야 하지만 적의 허실을 알지 못하면 기정을 제대로 쓸 수 없게 된다. 기정은 허실의 토대이기에 허실과 통한다. 기(奇)를 발휘해 상대방과의 균형을 깨고 상대방의 허를 만들어 공격하기 때문이다. 이 편에서 적과 대치할 때 지형과 관련해 적과의 관계에 집중하는 것도 그런 이유에서다.

「허실」의 핵심은 다음 문장이다. "잘 싸우는 사람은 적을 우리에게 오도록 하지 우리가 적에게 가지 않는다"[善戰者, 致人而不致於人]. 적이 우리에게 오는 것은 그만큼 적을 피로하게 하는 것이며 적도 모르게 적의 허를 만들기 때문이다. 이어지는 문장은 이렇다. "적이 스스로 우리에게 올 수 있도록 하는 것은 적이 이롭다고 생각해서이며 적이 우리에게 오지 못하도록 하는 것은 적이 해롭다고 생각해서이다"[能使敵人自至者, 利之也, 能使敵人不得至者, 害之也]. 앞의 문장은 우리가 일부러 허를 보여 주어 적을 유도하는 것이며 뒤의 말은 우리의 실이 견고하다는 것을 보여 준다는 말이다. 전쟁의 주도권이 우리에게 있기 때문에 질 수 없는 전쟁이 된다.

공격과 수비로 바꿔 말하면 이렇게 된다. "우리가 공격하면 반드시 빼앗을 수 있는 것은 적이 지키지 못하는 것을 공격하기 때문이며, 우리가 지키면 반드시 견고한 것은 적이 반드시 공격할 곳을 지키기 때문이다"[攻而必取者, 攻其所不守也 ; 守而必固者, 守其所必攻也]. 원문의 "소필공야"(所必攻也)는 통상 "소불공야"(所不攻也)로 되어 있는데 '적이 공격 못 하는 곳을 지킨다'는 말보다는 적이 공격할 곳을 미리 알고 즉 적의 허실을 알고 대비한다고 할 때 이 편의 취지와 더 어울린다. 그래야 이어지는 문장과 호응한다. "그러므로 공격을 잘한다는 것은 적이 어디를 수비해야 할지 모르게 공격하는 것이며, 수비를 잘한다는 것은 적이 어디를 공격해야 할지 모르게 수비하는 것이다"[故善攻者, 敵不知其所守 ; 善守者, 敵不知其所攻]. 여기서 중요한 것은 허실의 유무가 아니라 허실을 아느냐 모르느냐 하는 점이다. 모든 것에는 허실이 있게 마련이라서 이를 인지하고 허를 실로 위장하고 실을 허로 꾸밀 줄 알아야 한다. 때문에 허실은 기정과 한 몸이다. 허실이나 기정은 오묘한 부분이 있기 때문에 손자는 이어지는 말에서 이렇게 표현한다. "미묘하고 미묘해 형이 없는 데까지 이르며, 신기하고 신기해 소리가 없는 데까지 이른다. 때문에 적의 목숨을 주관할 수 있게 된다"[微乎微好, 至於無形 ; 神乎神乎, 至於無

聲, 故能爲敵之司命]. 손자는 "무형"(無形)이라고 했는데 무형일 수 있는 것은 세(勢)가 숨어 있기 때문이다. 형(形)이 어떻게 보이지 않겠는가마는 무궁한 형으로 바뀌기 때문에 소리조차 안 나는 것처럼 느껴진다. 적이 두려움을 느낄 때 적을 완전히 내 손아귀에 넣고 마음대로 부릴 수 있기에 적의 운명을 주관할 수 있다. 형이라는 말을 다시 쓰면서 허실과 기정의 문제는 다시 형세의 문제로 돌아온다.

기정과 허실을 총괄하는 실전의 형세를 설명하면서 손자는 "형병"(形兵)이란 말을 쓴다. 적의 움직임에 따른 다양한 군사운용을 말한다.

> 적에 맞추어 병력을 배치하는 지극함은 형이 없는 지경까지 이른다. 형이 없으면 깊이 침투한 간첩도 엿볼 수 없고 지혜로운 사람도 도모할 수 없다. 형을 통해 군사들에게 승리를 만들어 주었는데도 병사들은 알 수 없다. 사람들은 모두 우리가 승리할 수 있는 형을 만든 것은 알지만 내가 승리를 제어할 수 있는 형을 만든 것은 모른다.
>
> 形兵之極, 至於無形 ; 無形, 則深間不能窺, 智者不能謀. 因形而錯勝於衆, 衆不能知. 人皆知我所以勝之形, 而莫知吾所以制勝之形.

마지막 문장에서 "아소이승지형"(我所以勝之形)은 '상대방을 염두에 둔 내[我]'가 형을 만든 것을 말하고 "오소이제승지형"(吾所以制勝之形)은 '형'(形)이라는 말을 썼지만 '자신만[吾]'의 세를 운용했음을 말한다. 매요신(梅堯臣)은 이 구절에 대해 "승리를 쟁취한 흔적은 알지만 승리를 만든 청사진[象]은 모른다"[知得勝之跡, 而不知作勝之象]라 했다. 형과 세를 적(跡)과 상(象)으로 바꿔 썼다. 장예(張預)는 "승리를 세운 흔적은 사람들이 모두 알 수 있다. 다만 내가 적의 형을 따라 이 승리를 통제했다는 것은 헤아리지 못한다"[立勝之迹, 人皆知之, 但莫測吾因敵形而制此勝也]라고 주석을 붙였다. 적에 따라 움직인다는 상대성에 주목한 설명이다. 모두 적절한 지적이다.

손자는 마지막에 비유를 써서 결론을 내린다.

> 군대의 형세는 물을 닮았다. 물의 흐름은 높은 곳을 피해 아래로 간다. 군대의 형세는 실을 피해 허를 친다. 물은 땅을 따라 흐름을 제압하고 군대는 적을 따라 승리를 제압한다. 그러므로 군대에는 일정한 형세가 없다.
>
> 夫兵形象水. 水之行, 避高而趨下 ; 兵之形, 避實而擊虛. 水因地而制流, 兵因敵而制勝. 故兵無常勢.

군사운용을 물에 비유한 것은 세를 중심에 두었다고 말

한 것이다. 때문에 마지막에 "상세"(常勢)라는 말을 쓴다. 이 편의 제목이 '허실'이다. 허에 대해 가장 깊이 생각한 사람은 노자다. 마찬가지로 허와 관련해 물에 대한 심오한 사고를 펼친 사람도 노자다. 물은 허(虛)를 연상시킨다. 또 무형(無形)이라 했다. 군사가 형체가 없을 수는 없다. 그런데도 손자는 무(無)라는 말을 썼다. 분명 있는데도 있는 것처럼 보이지 않는다. 군사를 어떻게 운용하는 것일까. 무(無)라는 말을 써서 최고의 경지를 설명한다. 그 최고의 상태를 무(無)라고 불렀다. 무에 대해서 사고해 무(無)를 개념화한 사람이 노자다. 손자는 개념을 유동적으로 쓰면서 그리고 언어 사용과 그 연상 작용에서 노자와 이어지지 않는가?

「군쟁」(軍爭)

'군쟁'의 의미는 간단하다. 양군이 접전을 벌일 때 '누가 먼저 유리한 시간에 유리한 지리를 차지하는가'를 말한다. '이로움 먼저 차지하기'라고 하겠다. 하지만 군쟁은 시간과 공간 문제에 그치지 않는다. 허실의 문제와 이어져 실제 운용을 말하기 때문에 중요하다. 절대적으로 유리한 시간, 혹은 절대 유리한 공간은 존재하지 않는다. 적보다 상대적으로 유리한 시간을 만들어야 하고, 적보다 상대적으로 불리한 위치에 처하더라도 유리한 지리로 바꿀 줄 아는 능력은 모두 허실의 개념과 맞닿아 있다.

손자가 첫 문장에서, “용병하는 방법은 […] 군쟁보다 어려운 것은 없다. 군쟁이 어려운 것은 우회로를 직선로로 만드는 것이며 근심을 이로움으로 바꾸는 것이기 때문이다”[凡用兵之法 […] 莫難於軍爭. 軍爭之難者, 以迂爲直, 以患爲利]라고 한 것도 단순히 시공간의 문제가 아니어서다. 손자의 진술은 모순 아닌가. 돌아가는 길이 무슨 수로 곧은 길이 되며 시간과 공간에서 걱정거리일 수밖에 없는 조건을 어떻게 이로움으로 바꿀 수 있겠는가. 이어서 손자는 말한다. “그러므로 길을 돌아가더라도 이로움으로 적을 유인하면 적보다 늦게 출발해도 적보다 먼저 도착할 수 있다. 이것이 돌아가거나 바로 가는 계책을 아는 것이다”[故迂其途, 以誘之以利, 後人發, 先人至, 此知迂直之計者也]. 손자의 답은 이렇다. 적이 존재하기에 우리는 우회로를 갈 수밖에 없지만, 우리를 파악하고 있는 적에게 우회로를 가는 괴로움과 허(虛)를 일부러 보여 주어 적이 유리한 위치와 공격 우위를 차지하고 있다고 믿도록 한 다음, 우리의 기발함을 발휘해 불리한 위치를 유리하게 전환시킨다는 뜻이다. 간단한 말이지만 실제는 간단치 않을 것이다.

하씨(何氏)는 이렇게 해석했다. “돌아가는 길이란 가야 하는 길이다. 병력을 나눠 기발함을 발휘하면 가야 할 길이 험하고 우회하는 길이라는 것을 적에게 보여 주면서 형세를 만들어 적을 유인하고 적이 작은 이익을 갖도록 해 적을 묶어 둔다. 그러면 기발함을 발휘한 군대는 적보다 늦게 출발해도 역시 먼저 도착할 수 있다. 이익을 다툴 때는 우회로와 직선로의 형세를 헤아려 기발함을 발휘해야 한다는 말이다. 그러므로 다음 문장에서 '병력 분산과 집결을 통해 변화를 만든다. 그러므로 빠르기가 바람과 같다'고 한 것은 이를 말한 것이다"[迂途者, 當行之途也. 以分兵出奇, 則當行之途, 示以迂險, 設勢以誘敵, 令得小利縻之, 則出奇之兵, 雖後發亦先至也. 言爭利, 須料迂直之勢出奇, 故下云'分合爲變', '其疾如風'是也]. 하씨의 주석은 "출기"(出奇)해야 한다고 말한다. 악조건을 이겨내야 하는데 적이 예상치 못하는 기발함을 발휘해야 한다는 것. 군쟁에는 이로움과 위험이 따르기 마련이므로 이 변수를 고려하지 않을 수 없다. 예컨대 병력과 장비, 식량을 모두 끌고 가서는 기동성을 발휘할 수 없다. 그렇다고 버리고 가서는 병력이 위험해질 수 있다. 어떻게 할 것인가. 손자는 말한다. "군사행동은 속임수로 성립하고 이익으로 움직이며 분산과 집결을 통해 변화를 만든다. 때문에 빠르기가 바람과 같다"[兵以詐立, 以利動, 以分合爲變者也. 故其疾如風].

이 문장은 병법의 정수를 담고 있다. 군사운용의 고갱이는 속임수와 이익이다. 속임수와 이익으로 상대방을 기만하고 유인해서 그들의 움직임을 보고 내 움직임을 빠르게 한다는 말이다. 주도권을 갖고 빠르게 군사를 운용하는 것을 말한다. 이때 치중과 기동성 문제도 모순으로 다루지 않고 해결할 수 있다. 군사행동에서 페어플레이를 바랄 수 있을까. 국가의 대사(大事)이자 생사의 문제라 이기는 것이 지상목표인데 무엇을 바라는가. 전쟁은 냉혹한 현실이다. 속임수마저 꺼리지 않으며 오로지 자기에게 이로운 것만을 추구한다. 그 방법은 신속한 병력이동. 분산과 집결을 자유롭게 운용할 수 있을 때 전쟁에 승리한다는 것이다. 분합(分合)은 형세를 만드는 것이며 기정(奇正)을 써서 나의 허를 실로 바꾸고 실을 허로 꾸미는 것이다. 그러면 적의 허가 드러나고 적의 실을 허로 만들 수 있다. 이것이 속임수다. 옛글에는 군대가 신출귀몰한다고 했는데 바로 기정을 써서 허실을 맘대로 운영해 적이 형세를 예측 못 하게 했기 때문이다. 공부한 사람들에게 속임수[詐]는 피해야 할 일이다. 이익으로 움직인다는 건 상상도 못할 일이다. 늘 일상성을 가지고 변하지 않는 사람이 군자 아닌가. 손자의 말은 배운 사람의 사고를 부숴 버린다. 앞의 글에서 '배운 사람'[知者]도 헤아리지 못한다고 했는데 이는 전쟁의 법칙은 평화로운 시대의 사고와는 전혀 다른 차원임을 일깨운다. 전쟁은 유희가 아니다.

손자의 생각은 지리와 거리라는 물리적 형태만을 사고하는 데서 그치지 않고 더 나아간다.

제후의 삼군에서 기세를 뺏을 수 있으며 장군에게서 마음을 뺏을 수 있다. 이런 까닭에 아침에는 기세가 날카롭고 낮에는 기세가 늘어지며 저녁에는 기세가 다한다. 그러므로 용병을 잘하는 사람은 날카로운 기세를 피하고 기세가 늘어지거나 다한 군사를 공격한다. 이것이 기세를 다스리는 것이다. 잘 다스려진 상태로 어지러움을 기다리고 고요함으로 시끄러움을 기다리는 것, 이것이 마음을 다스리는 것이다. 가까움으로 멀리 온 것을 기다리고 편안함으로 수고로움을 기다리며 배부름으로 배고픔을 기다리는 것, 이것이 힘을 다스리는 것이다. 반듯하게 세워진 깃발을 가진 군대는 치지 않으며 크고 규모 있게 펼친 진영은 치지 않는다. 이것이 변화를 다스리는 것이다.

三軍可奪氣, 將軍可奪心, 是故朝氣銳, 晝氣惰, 暮氣歸. 故善用兵者, 避其銳氣, 擊其惰歸, 此治氣者也. 以治待亂, 以靜待譁, 此治心者也. 以近待遠, 以逸待勞, 以飽待飢, 此治力者也. 無擊正正之旗, 勿擊堂堂之陳, 此治變者也.

손자는 기(氣)·심(心)·력(力)·변(變) 네 가지를 다스리는 방법을 말한다. 치병(治兵)의 요체라 할 수 있는데 이 가운데 기(氣)·심(心)에 눈길이 간다. 당나라 때 유명한 장군이자 병법가 위공(衛公) 이정(李靖)은 마음과 관련해 이렇게 말했다.

"공격한다는 말은 적의 성을 공격한다거나 적진을 친다는 데서 그치지 않는다. 반드시 적의 마음을 공격하는 기술을 가져야 한다"[攻者, 不止攻其城, 擊其陳而已, 必有攻其心之術焉]. 현대전에서는 심리전이 중요한 전쟁 방법 가운데 하나인데 손자는 심리를 문제 삼고 있다. 기(氣)는 기세로 번역했지만 사기가 떨어졌다고 할 때의 그 사기(morale)로 볼 수 있다. 계량화할 수 없어도 병사들의 사기가 얼마나 중요한지는 누누이 얘기되는 부분이다. 사기는 인간의 생리 주기와 관련되기 때문에 손자는 아침, 낮 등으로 생체리듬을 거론했지만 기는 심리 문제도 간여하기 때문에 까다롭다. 손자가 심리를 말하면서 고요함[靜]을 고른 것은 적이 아닌 우리 편의 심리를 안정시키고 편안하며 어지럽지 않게 해야 한다는 뜻을 담은 것으로 보인다. 전쟁이 무기와 장비라는 형(形) 이외에 '심리'라는 인간 고유의 특성을 염두에 두고 있으니 전쟁 또한 인간학의 하나였던 셈이다.

「구변」(九變)

'군쟁'에 대해 얘기했으므로 지형의 이로움을 다투는 일과 직결되는 「행군」이 나와야 글의 흐름이 자연스러울 텐데 「구변」을 중간에 넣었다. 지형에 대해 먼저 얘기한 다음 행군을 말해야 순서가 합당하다고 편집자(혹은 저자?)는 생각한 것 같다. 「행군」에는 장예가 제목에 주를 달고 이렇게 말했다. "아홉 가지 지형의 변화를 안 연후에야 이로운 곳을 택해 행군할 수 있다. 그러므로 「행군」을 「구변」 뒤에 두었다"[知九地之變, 然後可以擇利而行軍, 故次九變]. 이 말은 편집자의 생각을 잘 읽었다고 하겠다.

「구변」은 「행군」 뒤에 이어지는 「지형」, 「구지」와 함께 지리라는 개념으로 묶을 수 있다. 군사지리학으로 따로 나눌 수 있는 편들이다. 특히 「구변」은 「구지」와 뗄 수 없다. 「구지」·「구변」 모두 큰 틀에서 지형에 관계될 뿐 아니라 「구변」은 「구지」와 제목에서부터 개념, 어구나 문장까지 연속되기 때문에 「구지」 뒤에 두고 읽기도 한다. 그게 읽기에도 수월하고 「지형」과 전체 맥락에서 사고할 수 있으므로 이 책에서도 편의상 「구변」은 「구지」 뒤에서 더 자세히 살펴보겠다.

「행군」(行軍)

「군쟁」의 주요 테마가 지리를 두고 이로움을 다투는 것이므로 지리와 긴밀히 연결된다. 「군쟁」의 직접적인 군사운용은 '행군'(行軍)이 된다. 행군은 적지에서 움직이는 기동성을 말한다. 그러나 무조건 기동성을 발휘한다고 만사형통은 아니다. 병법의 전제는 상대방을 보고 움직인다는 상대성이 늘 따라다니기 때문에 기동성 역시 유동적으로 발휘해야 한다.

「행군」에서 다루는 테마는 두 가지다. 첫 문장은 말한다. "군영을 세우는 것과 적을 살피는 것이다"[凡處軍, 相敵]. 이하 「행군」은 '처군'(處軍)과 '상적'(相敵) 두 주제를 구체적으로 언급하는 내용이 이어진다. 먼저 처군. 주석가들은 처군을 네 가지로, 상적을 서른한 가지로 본다. 처군, 곧 군영을 세우는 것에 해당하는 네 장소는, ① 산 ② 물가 ③ 늪지 ④ 평지다. 산의 경우, "산을 지나갈 때에는 계곡을 따라가며[絶山依谷], 양지 쪽을 보고 높은 곳에 주둔한다[視生處高]" 등의 내용이다. 낮은 곳에서 높은 쪽을 바라보고 공격하지 말라는 것이 병법의 불문율이다. 거꾸로 말하면 높은 곳을 차지하고 공격하라는 말이다. 왜 높은 곳이 유리한가? 위에서 아래로 공격하는 것이 편하고 힘이 덜 들기 때문이다. 손자식으로 바꿔 말하면 형세가 유리하기 때문이다. 아래쪽에 있는 군대는 이걸 모를까? 그렇기 때문에 아래쪽 군대는 위에 있는 군대가 밑으로 내려오도록 이익으로 유도해야 한다. 즉 기발함[奇]을 발휘해 예기치 못하도록 상황을 바꿔야 전투를 자기주도로 이끌 수 있다.

어디를 가든 어느 상황이든 전쟁의 역동성은 통제할 수 없는 상대의 우연성에 내 의도와 계획이 어긋나는 데서 벌어진다. 병법에서는 주객(主客)이라는 말을 쓰기도 하는데 내가 적지에서 싸우기 때문에 적이 주인[主]이고 내가 손님[客]

이건만 지형을 어떻게 이용하느냐에 따라 주객의 위치가 바뀐다. 상대성과 유동성이 힘을 발휘할 수밖에 없는 여건이다. 산을 지나갈 때도 마찬가지다. 쉬운 계곡길이 원칙이지만 적의 형세를 보고 가파르고 험한 길을 질러가 적의 허(虛)를 찌를 때도 있기 때문이다.

물가에 있는 경우에는 "물이 흐르는 곳에서는 적을 맞이해 싸우지 말라"[無迎水流]고 한다. 물 흐르는 곳이란 지대가 낮은 곳으로 적이 수공(水攻)을 할 수 있기 때문이다. 지대가 낮은 곳은 음(陰)에 해당한다. 음의 위치에서는 싸우는 게 아니다. 음을 좋지 않게 생각한 것은 군사에도 적용된다. 이는 형세 개념으로도 설명할 수 있다.

늪지로 번역한 말의 원문은 "척택"(斥澤)인데 택이 습지고 척은 메마르고 거친 땅을 말한다. 척택은 무조건 빨리 지나가고 피해야 한다. 이런 악조건에서 싸우는 건 절대 불리하기 때문이다. 척(斥)이라는 말을 쓴 까닭은 황하가 옛날부터 수로(水路)를 자주 바꿔 예전에 물이 흐르던 곳이 완전히 사막화된 장소로 바뀌었기 때문이다. 척이라는 말은 황하 고유의 지형을 말한 것이다.

평지에 주둔할 때도 피해야 할 것이 있다. "기동하기 편한 곳에 주둔하되 오른쪽과 뒤쪽은 높은 곳이어야 한다"[處易而右背高]. 누군들 편한 곳에 주둔하고 싶지 않을까. 하지만 주둔지는 적의 주둔을 보고 상대적으로 정해야 할 일이다. 여기서 병법서를 분류할 때 언급했던 병음양이 개입한다. 음양의 원리를 병법에 적용한다고 원칙적으로 말했지만 이 또한 상대를 보고 탄력 있게 운용한다는 점을 고려해야 한다. 절대적인 사항이지만 상황에 맞게 적용해야 한다. 손자는 병음양에서 말하는, 왼쪽과 앞쪽[左前]이 양(陽)이고 오른쪽과 뒤쪽[右背]이 음(陰)이라는 것을 가져와 말한 것이다. 오른쪽이 높은 곳을 등지고 싸우면 왼쪽 낮은 곳의 적을 상대하기 쉬워서다. 오른쪽에서 왼쪽으로 움직이기가 그 반대로 움직이기보다 쉽다는, 인간의 생리적 행태를 염두에 둔 말(중국인들의 생각이다. 오른쪽에서 왼쪽으로 도는 것을 순행順行이라 했다. 반대방향은 역행逆行)이다. 아울러 중국 지형 전체가 중원을 중심으로, 오른쪽과 위쪽(북쪽)이 높고 왼쪽과 남쪽(동쪽)이 낮다는 당시 사람들의 인식이 반영된 것이기도 하다. "오른쪽과 뒤쪽"이라는 말을 써서 원칙을 응용한 말을 한 것같이 보인다. 하지만 병음양의 상식을 인용했을 뿐이므로 정확하게 말하면 원칙적인 말을 한 것이지 응용은 아니다.

손자는 처군의 개념을 설명한 뒤 결론을 내린다. "이 네 가지가 군영을 세우는 데 이롭다고 한 것은 황제(黃帝)가 네 임금을 이긴 방법이기 때문이다. 무릇 군대는 높은 곳을 좋아하고 낮은 곳을 싫어하며, 양을 귀하게 여기고 음을 천하게 여기며, 목숨을 잘 돌보면서 견실한 곳(견고하고 높은 곳)에 머문다"[凡此四軍之利, 黃帝之所以勝四帝也. 凡軍好高而惡下, 貴陽而賤陰, 養生而處實]. 손자는 군사의 개조로 꼽히는 황제를 자신의 논거로 가져왔는데 황제가 칭제(稱帝)한 제후들을 제압하고 승리했기 때문이다. 역사적(실상은 전설) 근거를 제시하면서 오랜 전통이 있었다고 선전하는 중국 특유의 글쓰기 방식인데 손자를 봐도 뿌리가 깊다. 병법서는 황제를 시조로 하기 때문에 이후 병법서는 황제에 가탁하는 것이 전통이다.

이후 구절은 앞의 내용을 종합해 설명한 말이다. 손자는 천정(天井, 사면이 높고 계곡이 난 곳), 천뢰(天牢, 삼면이 험해 들어가기 쉽고 나오기 어려운 곳) 등 천연지형 몇 가지를 거론해 반드시 빨리 지나가고 가까이 가지 말라고 경고한 뒤 "우리 편은 이런 곳을 멀리해도 적은 가까이하도록 하며 우리는 그런 곳을 마주 보고 있어도 적은 그런 곳을 등지고 있도록 해야 한다"[吾遠之, 敵近之;吾迎之, 敵背之]고 했다. 적도 이런 상황을 알고 있을 테니 여기서도 기발함을 발휘해 적을 허하게 만드는 것이 관건이겠다.

그다음 부분은 상적(相敵)이다. 상(相)은 관찰[察]이라는 뜻으로 적의 움직임을 잘 살펴보는 방법을 제시한다. 군사의 기동에는 반드시 어떤 조짐이 보이기 마련이고 흔적을 남길 수밖에 없으며 주변지형과 동물의 움직임, 식물과 나무에 자국을 남기기 때문이다. 관찰은 반드시 눈으로 직접 보는 것만을 의미하지는 않는다. 미루어 짐작하는 법까지 포함한다. 관찰이 쌓여 자료가 되고 이를 통해 추론하는 것이다. 경험과 추론을 다 포함한다. 적을 아는 대원칙은 이러하다.

> 적이 가까이 있는데도 조용한 것은 험한 지형을 믿기 때문이다. 멀리 있는데도 싸움을 거는 것은 상대를 앞으로 오도록 하려는 것이다.
>
> 敵近而靜者, 恃其險也 ; 遠而挑戰者, 欲人之進也.

손자는 지형과 관련해 이야기의 서두를 꺼내지만 메시지는 간명하다. 드러난 형상 뒤에 의도가 있음을 간파해야 한다. 똑같은 방법으로 손자는 서른 가지가 넘는 사례를 통해 상대의 동향을 읽는 방법을 보여 준다. 예컨대, "많은 풀을 묶어 장애물을 만든 것은 적이 우리로 하여금 복병이 있나 의심하도록 하려는 것이다[우리 편의 기동을 늦추기 위한 수법]. 새가 위로 날아오르는 것은 적이 그 아래에 매복한 것이다"[衆草多障者, 疑也. 鳥起者, 伏也]라는 예시는 새나 나무 등 자연물의 움직임이나 상태를 보고 적의 상황을 아는 것이다. 자연물을 잘 보고 판단을 내리는 일은 단순 경험이라기보다 지금 시대보다 자연물과 친밀도가 높아 예민한 감각으로 육감이 적중했던 옛사람의 지혜라고 보아야 할 것이다.

"먼지가 높이 피어오르되 뾰족한 모습인 것은 전차가 오는 것이며 먼지가 낮게 깔려 넓게 퍼지는 것은 보병이 오는 것이다"[塵高而銳者, 車來也 ; 卑而廣者, 徒來也]라는 정보는 인공물이 만드는 흔적을 관찰해서 적을 파악하는 것이며, "가벼운 수레가 먼저 나와 측면에 자리를 잡는 것은 전투 진형을 짜는 것이다. 아무런 약속이 없었는데도 화친을 청하는 것은 음모를 꾸미는 것이다"[輕車先出, 居其側者, 陳也. 無約而請和者, 謀也]라고 한 말은 적의 행위를 보고 그들의 속내를 읽는 방법이다. 적의 행위를 보는 경우 인간의 인정기미를 날카롭게 인지하는 방식을 포함한다.

"이익을 보고도 군사들이 전진하지 않는 것은 피로해서다. [⋯] 밤에 소리치는 것은 두려워서다"[見利而不進者, 勞也. ⋯ 夜呼者, 恐也]라는 구절에 대해 조조는 "군사들이 밤에 소리치면 장수가 전투에서 용감하지 않은 것이다"[軍士夜呼, 將不勇也]라고 설명했는데, 진호(陳皞)는 조조의 말을 받아, "열 사람 가운데 한 사람이 용맹하면 아홉 사람이 겁을 먹고 나약해도 한 사람의 용맹스러움을 믿고 역시 스스로 편안할 수 있다. 지금 군사들이 밤에 소리친다는 것은 장수가 용맹하지 않은 것이다. 조조의 설명이 옳다"[十人中一人有勇, 雖九人怯懦,

恃一人之勇亦可自安；今軍士夜呼, 蓋是將無勇. 曹說是也]라고 했다. 사소한 적의 움직임이나 미묘한 심리적 반응까지 잡아낸다는 점에서 흥미롭다. 상대와 대치할 때 관찰자료의 축적도 상당해야 할 것이며 척후병의 역할도 중요하고 경계의 임무도 막중할 수밖에 없다. 적지에 주둔하는 상태에서 생존과 직결되기 때문에 긴장할 수밖에 없었을 것이다. 다른 맥락에서 나왔지만 "반드시 엄밀하게 살펴야 한다"[必謹察之]는 말은 적을 살필 때의 철칙을 쓴 것이지 으레 하는 표현이 아니다.

이렇게 종합하고 보면 손자가 결론 내리는 것에 수긍하게 된다. "군사는 많을수록 좋은 것이 아니니 무력만 믿고 전진해서는 안 된다. 병력의 힘을 모으고 적을 헤아려 적을 이길 뿐이다"[兵非益多也, 唯無武進, 足以併力, 料敵, 取人而已]. 마지막 문장을 두고 이견이 있다. 취인(取人)을 병참부대에서 병력을 조달하든가 혹은 포로로 잡은 적을 병력으로 쓴다든가 하는 주석이 보인다. 이는 "병력(併力), 료적(料敵), 취인(取人)"을 병렬로 보고 문장의 리듬을 균질하게 파악한 것이다. 내용에서 보더라도 한정된 인원을 가지고 적지에서 불리한 조건일 때 처신하는 방법으로 읽으면 합리적인 해석이다.

손자는 지휘관과 병사들의 관계에 주목하면서 행군도 조직의 단결이라는 점을 환기시킨다. "인자함과 은혜로 명령을 내리고 위엄과 벌로 군사를 균질하게 다스려야 한다. 이를 일러 반드시 이긴다고 한다”[令之以文, 齊之以武, 是謂必取]. 장예는 이 문장에 흥미로운 주석을 붙였다.

> 부드러움과 은혜로 군사를 기쁘게 해주고 매서움과 위엄으로 엄숙하게 지휘해야 한다. 두려움과 사랑을 겸한 것이다. 때문에 싸우면 반드시 이겼고 공격하면 반드시 점령했다. 어떤 사람이 물었다. “『서경』(書經)에 이르기를, ‘위엄이 사랑을 이기면 일을 성취할 수 있다. 사랑이 위엄을 이기면 아무런 공적이 없다’라고 해서 위엄을 앞세웠습니다. 손무가 사랑을 앞세운 것은 어째서입니까?” 대답했다. “『서경』에서 말한 것은 어진 사람의 군대다. 왕도를 쓰는 사람은 백성들에게 은덕이 평소에 두터워 인심이 이미 그에게 쏠려 있다. 백성들을 부릴 때 위엄이 적을까 근심할 뿐이다. 손무가 진술한 것은 전국시대의 군사다. 패도(覇道, 무력을 중시하는 태도)를 쓰는 사람은 백성들에게 법령이 평소에 가혹해서 인심이 그에게서 쉽게 떠난다. 백성들을 부릴 때 은혜가 적을까 근심할 뿐이다.”
>
> 文恩以悅之, 武威以肅之 ; 畏愛相兼, 故戰必勝, 攻必取. 或問曰 : “書云 : ‘威克厥愛, 允濟;愛克厥威, 允罔功.’ 言先威也. 孫武先愛何也?” 曰 : “書之所稱, 仁人之兵也. 王者之於民, 恩德素厚, 人心已附, 及其用之, 惟患乎寡威也. 武之所陳, 戰國之

> 兵也. 霸者之於民, 法令素酷, 人心易離, 及其用之, 惟患乎少恩也."

장예의 주가 눈에 띄는 이유는 역사성 때문이다. 『서경』이라는 고전과 『손자병법』 사이에 충돌이 생겼을 때 어떻게 둘을 조화시킬 것인가. 장예는 역사적 관점을 들여와 읽은 것인데 시대성의 변화를 얘기하면서 둘 사이의 부조화를 해소할 수 있었다. 거기에는 변화라는 테마가 담겨 있다. 유동성은 역사 변화라는 큰 맥락에서도 사고할 수 있음을 보여 주었기에 장예의 주는 읽을 가치가 있다.

「지형」(地形)

'지형'이라는 제목 아래 조조는 이런 설명을 붙였다. "싸우고자 하면 지형을 살펴 승리할 계책을 만들어야 한다"[欲戰, 審地形以立勝也]. 간결한 설명이다. 지형과 승리를 위한 군사운용을 하나로 꿰었다. 정곡을 찌른 말이다. 장예는 약간 자세한 설명을 한다.

> 무릇 군사는 행군할 일이 있게 마련이므로 먼저 50리 이내의 산천지형에 군사를 보내 복병이 있는지 살피도록 하고, 장수가 바로 직접 가서 땅의 형태를 보고 지형이 험한지 평

탄한지 알아야 이에 따라 전투를 도모할 수 있다. 그러므로 군대를 이끌고 국경을 넘어가면 지형을 살펴 승리할 계책을 마련한다. 때문에 「행군」 뒤에 「지형」을 두었다.

凡軍有所行, 先五十里內山川形勢, 使軍士伺其伏兵, 將乃自行視地之勢, 因而圖之, 知其險易. 故行師越境, 審地形而立勝, 故次行軍.

장예의 말은 조조의 설명을 부연한 것이다. 국경을 넘어간다고 명시했으므로 자국 땅에서 전투하지 않는 것이기 때문에 지형의 중요성은 커진다.

「지형」은 지형과 지형에 따른 군사운용을 다룬다. 「행군」이 전투를 위해 특정 지점으로 이동한다는 기동의 개념이라면 「지형」은 직접 적과 부닥친다는 점에서 범주가 다르다. 장예는 그 작전 개념을 지적한 것이다.

「지형」은 다섯 단락으로 나눌 수 있는데 손자는 첫 문장에서 지형을 여섯 가지로 분류하고('육지'六地) 이용방법을 설명한다. 손자의 말을 들어 보자.

지형에는 통하는 땅[通]이 있으며 […] 멀리 있는 땅[遠]이 있다. 우리도 갈 수 있고 저쪽에서도 올 수 있는 곳을 통하는 땅이라 한다. 통하는 땅의 경우, 먼저 높고 양지바른 곳을 차지하고 양식 지나는 길을 이용해 싸우면 유리하다. [···] 먼 땅일 경우 세가 균등하기 때문에 싸움을 걸기 어렵다. 싸우면 불리하다.

地形, 有通者 [···] 有遠者. 我可以往, 彼可以來, 曰通. 通形者, 先居高陽, 利糧道, 以戰則利 [···] 遠形者, 勢均, 難以挑戰, 戰而不利.

손자가 열거한 육지(六地)는 물리적 지형을 말하는 게 아니라 '지형 개념'이다. 전투와 직결된다는 점에서, 군사적 관점에서 파악한 개념이기에 중요하다. 관념적이 아니라는 말이다. 인문지리가 있고 자연지리가 있으며 역사지리도 있다. 손자는 철저히 군사 관점이다. 그것도 적과의 전투를 예상하기 때문에 상대성이 강하다.

손자의 방법을 추상화해서 말하면 유물론적 관점이다. 유물론적 관점이란 자신을 사고의 중심으로 보는, 즉 모든 근원으로서 '생각하는 주체'(cogito)를 상정하고 그 이후에 '외부를 사고한다'는 관념성이 아니라 자신에게 영향을 미치며 상호작용하는 외부의 관계(물物)에 먼저 관심을 둔다, 자기란 외부와 상호교섭하면서 성립한다는 의미이다. 소략하고 거친 정의이기는 하나 『손자병법』이 중국에서 높이 평가되는 이유 가운데 하나가 바로 유물론적 관점 때문이다. 「지형」에서 손자의 유물론적 관점은 명백하다. 나에게 영향을 미치는 강력한 두 요소(지형과 적)를 명시하기 때문이다. 두 요소는 나(아군)의 움직임과 역할을 강제하고 나는 두 요소와 엉켜 내 활동을 결정한다. 나는 환경에 영향을 받아 수동적이지도 않으며 내가 환경을 완전히 통제해 적극적으로, 내 뜻대로 하는 것도 아니다. 상호성이라 할까. 환경과 내가 교섭하며 새로운 상황이 만들어지면 다시 상호교섭하는 쉼 없는 과정이다. 두 요소와 나는 분리되지 않는다.

이어지는 손자의 발언은 필연적이다.

> 무릇 이 여섯 가지는 땅을 아는 길이며 장군에게 가장 중요한 임무이므로 살피지 않을 수 없다. 그러므로 군대에는 달리는 것이 있으며 해이가 있으며 [⋯] 패배가 있다. 무릇 이 여섯 가지는 하늘이 내린 재앙이 아니라 장수의 잘못이다.
> 凡此六者, 地之道也, 將之至任, 不可不察也. 故兵有走者, 有弛者, [⋯] 有北者. 凡此六者, 非天之災, 將之過也.

지지도(地之道)는 지형 개념이라고 해석해도 무방할 것이다. 용병과 관계되기 때문에 장수의 지임(至任)이라 했다. 다음 문단으로 넘어가면서 손자는 "그러므로 군대에는"[故兵]이라고 했는데 이때 쓴 "그러므로"[故]는 한문에서 많이 볼 수 있는 허사에 가까운 상투적인 말이 아니라 논리적 필연성을 담은 무거운 말이다. 앞 문단에서 말한 지형이 바로 다음에 나오는 병(兵)과 필수적으로 이어지기 때문이다. 마지막 문장의 여섯 가지는 여섯 종류의 패배(육패六敗)를 말한다.

이 말을 통해 두번째 문단으로 넘어와 적지에서 용병의 실패를 거론했다. 손자는 하늘의 재앙이 아니라 장수의 잘못이라 했다. 항우가 마지막 전투에서 자신 혼자 전투 실력을 발휘하고 사람들을 놀라게 한 뒤 하늘이 내린 재앙이라는 투로 말을 한다. 사마천은 이에 대해 비판했지만 사마천의 말을 빌리지 않더라도 손자는 이미 병법에서 용병의 실패는 장수의 책임이라고 갈파했다. 육패 역시 실패의 구체적 예로 보기보다는 여섯 유형으로 개념화했다고 읽어야 할 것이다.

> 무릇 서로 차지한 세가 똑같은데 우리 병사 한 사람으로 적병 열을 공격하는 것을 [병사들이] 달린다고 한다 [...] 장수가 적을 헤아리지 못하는 것, 적은 병력으로 많은 병력과 전투하는 것, 약한 군대로 강한 군대를 치는 것, 병사 가운데 선봉으로 뽑을 사람이 없는 것을 패배라고 한다. 무릇 이 여섯 가지는 패배하는 길이며 장군에게 가장 중요한 임무이므로 살피지 않을 수 없다.
>
> 夫勢均, 以一擊十, 曰走 [...] 將不能料敵, 以少合衆, 以弱擊强,

兵無選鋒, 曰北. 凡此六者, 敗之道也, 將之至任, 不可不察也.

「지형」의 세번째 단락은 첫번째 지형을 말한 것에 호응해 지형의 중요성을 상기시킨다.

무릇 지형은 용병의 보조물이다. 적을 헤아려 승리할 기틀을 만들고 지형의 험난함과 위험, 거리를 따지는 일은 상장군이 할 일이다. 이를 알고 전쟁에 쓰는 자는 반드시 이기고 이를 모르고 전쟁에 쓰는 자는 반드시 패한다.

夫地形者, 兵之助也. 料敵制勝, 計險阨遠近, 上將之道也. 知此而用戰者必勝, 不知此而用戰者必敗.

용병의 보조물[助]이라 했는데 다른 판본에는 '이'(易)라는 말로 쓰였기 때문에 용병하기 쉽다는 뜻으로 읽을 수 있다. 지형을 이용하는 것이 부차적이라는 말이라기보다 "적을 헤아려 승리할 기틀을 만드는 일"[料敵制勝]이 주된 목표이기에 보조라고 표현했다. 용병을 염두에 두고 쓴 말이기 때문이다.

네번째 단락은 두번째 단락의 용병 실패와 이어져 병사들과의 관계를 강조한다. "병사들을 어린아이처럼 보기 때문에 병사들은 장군과 함께 깊은 계곡에 들어간다. 병사들을 사랑하는 자식처럼 보기 때문에 병사들은 장군과 함께 죽을 수 있다"[視卒如嬰兒, 故可與之赴深谿;視卒如愛子, 故可與之俱死]. 병사들은 속된 말로 '장기판의 졸'이 아니라 전쟁의 주체이기 때문에 지휘관과의 관계가 중요하다. 전투는 전적으로 사람이 하는 일이다. 병사를 어린아이에 비유했는데 어린아이 비유는 중국 고서에 흔히 보이는 수사로 특정 학파나 특정인의 독특한 레토릭으로 볼 수 없다. 노자와 맹자도 어린아이의 비유를 썼다. 손자에게 어린아이는 아껴야 하는 존재이므로 사랑하고 돌봐야 한다. 물론 버르장머리 없는 아이로 키우면 안 되기에 엄격함이 없어서는 안 된다. 군대의 경우는 말할 것도 없다. 손자는 당연히 그에 대한 주의도 환기시킨다. 병사를 다루는 일은 생각처럼 쉽지 않다는 점을 기억해야 한다.

마지막 단락은 앞의 진술을 총괄해 사지(四知)를 말한다.

> 우리 병사들이 적을 공격할 수 있다는 것은 알고 적이 공격할 수 있을 만큼 만만치 않은 상대라는 걸 모를 경우 승률은 반이다. 적이 우리가 공격할 수 있을 만큼 만만한 상대라는 걸 알고 우리 병사들이 적을 공격할 수 없다는 것을 모를 경우 승률은 반이다. 적이 우리가 공격할 만큼 만만한 상대임을 알고 우리 병사가 적을 공격할 수 있다는 것을 알아도 지형이 싸울 수 없는 곳임을 모르면 승률은 반이다. 그러므로 용병을 아는 사람은 움직이되 헷갈리지 않으며 일을 실행하되 변화

가 무궁하다. 그러므로 말한다. '적을 알고 나를 알면 승리가 위태롭지 않다. 하늘을 알고 땅을 알면 승리가 끝이 없다.'
知吾卒之可以擊, 而不知敵之不可擊, 勝之半也 ; 知敵之可擊, 而不知吾卒之不可以擊, 勝之半也 ; 知敵之可擊, 知吾卒之可以擊, 而不知地形之不可以戰, 勝之半也. 故知兵者, 動而不迷, 擧而不窮. 故曰 : 知彼知己, 勝乃不殆 ; 知天知地, 勝乃不窮*.

마지막 단락의 전문이다. 사지(四知)란 지피(知彼)·지기(知己)·지천(知天)·지지(知地)를 말한다. 천지를 함께 말했으니 병음양(兵陰陽)과 관련된다. 하지만 문맥 전체 흐름으로 보면 땅에 집중하고 있음을 알 수 있다. 모름지기 용병을 할 때는 지형을 장악해야 한다.

「구지」(九地)

「구지」 편은 『손자병법』 가운데 가장 길다. '구지'란 아홉 가지 땅의 구역을 말한다. 지리적 개념이라는 점에서 「지형」과 같으나 「지형」에서 얘기한 지세보다 구체적으로 이야기한다는 점에서 차이가 있다. 첫 문장을 보자.

---

* 마지막 구절 '불궁'(不窮)이 가전(可全)으로 된 곳도 있다. '승리가 온전할 수 있다'가 된다.

용병하는 방법에는 산지, 경지, 쟁지, 교지, 구지, 중지, 비지, 위지, 사지가 있다.

用兵之法 : 有散地, 有輕地, 有爭地, 有交地, 有衢地, 有重地, 有圮地, 有圍地, 有死地.

「구지」를 용병에 귀속시켰으니 「구지」에서 어떻게 장수가 군사를 운용하고 대처하는지 「지형」에 비해 좀더 명확하게 얘기한 편으로 이해할 수 있다. 몇 가지 중요한 언급이 나오기에 주목할 필요가 있다. 먼저 위객지도(爲客之道). '구지'를 하나하나 살펴보면 윤곽이 드러날 것이다.

① 산지(散地) : 자기 나라 땅에서 싸우는 것. 대책은 싸우지 말 것.

② 경지(輕地) : 남의 나라에 침입하되 깊이 들어가지 않은 경우. 대책은 멈추지 말 것.

③ 쟁지(爭地) : 우리가 차지해도 이롭고 적이 차지해도 이로운 곳. 대책은 공격하지 말 것.

④ 교지(交地) : 우리가 갈 수도 있고 적군도 올 수 있는 곳. 대책은 행군의 처음과 끝이 끊어지지 않도록 할 것.

⑤ 구지(衢地) : 제후의 땅이 여러 나라에 걸쳐 있어 먼저 도착하면 천하 백성을 얻을 수 있는 곳. 대책은 외교관계를

잘 맺을 것.

⑥ 중지(重地) : 적국의 땅 깊숙이 들어간 곳. 대책은 습격해 빼앗을 것.

⑦ 비지(圮地) : 지형이 험해 행군하기 어려운 곳. 대책은 빠르게 지나갈 것.

⑧ 위지(圍地) : 들어가는 길은 좁고 나오는 길은 돌아 나와야 해 적이 적은 수로 아군을 공격할 수 있는 곳. 대책은 벗어날 계책을 세울 것.

⑨ 사지(死地) : 빠르게 싸우면 살 수 있고 빠르게 싸우지 않으면 죽는 곳. 대책은 오로지 목숨 걸고 싸울 것.

아홉 가지는 원칙 없이 분류한 듯 보이지만 핵심은 '위객지도'(爲客之道)에 있다. 산지(散地)만 빼곤 모두 적지에서 싸우는 것이다. 손자는 전쟁의 기본 원칙을 남의 땅에서 싸우는 것으로 설정한다. 우리 땅에서는 싸우지 말라 했다. 그러므로 손자의 용병은 적지에서 싸우는 것에 집중한다. 그러므로 약탈은 피할 수 없으며 지형을 익히는 것이 필수다. 내가 주인[主]이 아니고 손님[客]이기 때문에 이를 자각하고 움직여야 한다. 비지(圮地)가 행군을, 위지(圍地)와 사지(死地)는 전투행위를 말하지만 적지의 상황임은 말할 것도 없다. 적지에 처했으므로 위험성은 커지고 긴장도는 높다.

대응책이 언급된다. "적이 아끼는 것을 빼앗으면 적은 말을 듣는다"[奪愛則聽]. "적지에 깊숙이 들어가면 집중하라"[深入則專]. 적지에 들어왔으니 환경이 심리에 미치는 영향에 대해서도 말한다. "병사들은 위험에 깊이 빠지면 두려워하지 않고, 갈 곳이 없으면 견고해지며, 적진 깊이 들어가면 환경에 구속되고, 어찌할 수 없으면 싸운다"[兵士甚陷則不懼, 無所往則固, 深入則拘, 不得已則鬪]. 이 말은 병사들이 두려워하고 나약해지며 제멋대로 굴고 도망간다고 거꾸로 말할 수도 있을 텐데 피할 수 없는 상황에 처해 도리어 심리가 강해지는 측면을 제시했다. 여기에는 조건이 붙는다. "요상한 말을 금하고 의심을 제거할 것"[禁祥去疑]. 요상함은 낯선 지역에서 접촉하게 되는 온갖 것을 말한다. 처음 부닥치는 환경에서는 많은 것이 기이한 만남이라 잘못 해석되고 긴장된 상태를 증폭시키기 일쑤다. 그런 요인을 제거해야 한다.

다음, 손자의 주요 사고 가운데 하나는 환경을 중시한다는 것이다. 「지형」에서도 그랬고 「구지」에서도 마찬가지이며 특히 병사의 심리를 거론하는 곳에서 도드라지는 생각은 인간의 행동과 사고에 미치는 환경의 영향이다. 손자의 환경 중시는 다른 학파와도 공유하는 사고다. 도가 계열에서는 특히 환경에 대한 강조가 두드러진다. 자연(自然)이라는 도가의 핵심 개념에는 환경에 맡기고 그대로 두라는 전제가 깔려 있다.

법가에서도 마찬가지인데 그들이 말하는 세(勢)도 일정 부분 환경의 영향을 담고 있는 개념이다.

적지에서 장수의 용병술은 어떠해야 할까?

> 장군의 임무 수행은 고요하면서 보이지 않아야 하고 올바르게 하면서 잘 다스려야 한다. (그 구체적인 방법은 이러하다.) 병사들의 이목을 어리석게 만들어 병사들이 알지 못하게 하고, 임무를 바꾸고 계책을 변화시켜 사람들이 알지 못하게 하며, 주둔지를 바꾸고 길을 우회해 사람들이 생각하지 못하게 한다. [⋯] 구지의 변화, 굽히고 펼치는 변화의 이로움, 인간 심리는 살피지 않을 수 없다.
>
> 將軍之事, 靜以幽, 正以治. 能愚士卒之耳目, 使之無知；易其事, 革其謀, 使人無識；易其居, 迂其途, 使人不得慮 [⋯] 九地之變, 屈伸之利, 人情之理, 不可不察.

장군이 할 일이란 결국 병사를 속이라는 것. 군사행동에 대한 기밀은 장군만이 알고 실행해야 한다는 것이다. 장군과 사병의 위계가 분명하다는 전제에서 나온 말이기는 하다. 그러나 군사비밀을 모두 공유하고 작전을 실행한다 해서 성공률이 높다고 보장할 수 없는 것도 사실이다. 작전의 효율성 면에서 큰 흐름을 읽고 대처한다는 전략적 사고가 개입해 있다. 『논어』에도 백성이 일을 실행하도록 만들어야지 이유까지 알게 할 필요는 없다고 했다. 자칫 오해하기 쉬운 말인데 전쟁이라는 특수 상황, 적지라는 위험한 경우를 반드시 상정해서 과도하게 일반화할 필요는 없을 것이다.

여기까지 이야기한 내용이 뒷부분에서 언어를 바꿔 되풀이된다. 큰 틀에서 요지에 변화는 없어 보이는데 반복되는 언어 때문에 편폭이 길어진 것 같다. 이 때문에 읽기에 약간 혼란이 생기는 것도 사실이다. 읽기가 까다롭기는 「구변」도 다르지 않다.

「구지」를 보았으니 앞에서 미뤄 두었던 「구변」(九變)을 볼 차례다. 「구변」은 『손자병법』에서 가장 짧다. 250자가 채 되지 않는다. 네 단락 혹은 다섯 단락으로 나눌 수 있는데 단락 간의 연결이 느슨해 체계적으로 작성된 다른 편들과 다르다. 요점만 간단히 정리해 본다.

장예는 '구변'이라는 제목을 이렇게 설명한다.

> 변(變)은 일정한 법도에 구애받지 않고 일에 부닥쳤을 때 적절하게 변하는 것으로, 마땅함을 따라 행하는 것을 말한다. 무릇 남과 이익을 다툴 때는 반드시 구지(九地)의 변화를 알아야 한다. 때문에 「군쟁」 다음에 두었다.

變者, 不拘常法, 臨事適變, 從宜而行之之謂也. 凡與人爭利, 必知九地之變, 故次軍爭.

원래 「구변」은 「군쟁」 다음에 놓였기 때문에 이런 설명이 가능하지만 문제는 구지(九地)가 무엇인지 「구변」에는 설명이 보이지 않는다는 데 있다. 장예가 본 판본은 「구변」이 「구지」 보다 앞에 있었는데, 「구지」에 가서야 구지가 구체적으로 설명되기 때문이다. 아마 여러 지형[九地]에 따라 변화해서 용병을 해야 한다는 일반적인 취지로 이해한 것 같다. 본문의, "길은 가지 말아야 할 곳이 있고, 군대는 치지 말아야 할 상대가 있으며, 성은 공격하지 말아야 할 것이 있고, 땅에는 다투지 말아야 할 곳이 있고, 임금의 명령에는 받지 말아야 할 것이 있다"[途有所不由, 軍有所不擊, 城有所不攻, 地有所不爭, 君名有所不受]는 말도 지형과 용병을 하나로 묶어 변화라는 말을 포괄적으로 사용할 때 이해할 수 있을 것이다. 문장은 이어진다.

그러므로 장수가 구변의 이로움*을 안다면, 용병할 줄 아는 것이다. 장수가 구변의 이로움을 모르면 지형을 알더라도

* 원문의 '구변지지리'(九變之地利)에서 '지'(地)는 군더더기 글자로 해석하지 않아도 무방하다.

지리의 이로움을 알 수 없다. 장수가 병사를 거느리면서 구변의 기술을 알지 못하면 다섯 가지 이로움을 알더라도 사람을 쓰는 법을 알 수 없다.

故將通於九變之地利者, 知用兵矣 ; 將不通於九變之利者, 雖知地形, 不能得地之利矣. 治兵不知九變之術, 雖知五利, 不能得人之用矣.

다섯 가지 이로움[五利]은 바로 앞에서 언급한 하지 말아야 할[有所不] 다섯 사항을 말한다. 지리나 지형을 고정된 개념으로 이해해서는 변화하는 상황에 대처하지 못한다는 말이다. 유동성이 전제되어 있다.

손자의 화제는 장수의 중요성으로 넘어왔는데 병사들과의 관계를 토대로 장수의 임무를 얘기하면서 결론을 이끈다.

장수에게는 다섯 가지 위험이 있다. 반드시 죽겠다고 하면 적이 우리를 죽일 수 있다. 반드시 살겠다고 하면 적에게 사로잡힐 수 있다. 분노하고 성질이 급하면 모욕당할 수 있다. 청렴하고 깨끗하면 수치스런 일을 당할 수 있다. 백성을 사랑하면 일이 번거로워질 수 있다. 이 다섯 가지는 장수의 잘못이며 용병의 재앙이다.

將有五危 : 必死, 可殺 ; 必生, 可虜也 ; 忿速, 可侮也 ; 廉潔,

可辱也 ; 愛民, 可煩也. 凡此五者, 將之過也, 用兵之災也.

장수의 판단력에 방점이 놓인 것 같다. 청렴이 불러오는 문제점도 그렇지만 애민(愛民)의 문제점은 군대를 낭만화하지 않는 냉철함을 보여 준다. 백성과 병사를 다 끌어안고 갈 경우 둘 다 잃고 만다. 장수 혼자의 책임에서 그치지 않으니 용병의 재앙임은 말할 것도 없다. 냉혹한 현실인식이다.

이상, 「군형」부터 「구지」까지 여덟 편은 '계획'이라는 큰 틀에 이어 전쟁의 구체적 양상을 다각도로 검토한 글들이다. 여기까지 모든 편이 유기적으로 연결되어 있다면 이어지는 마지막 두 장은 특별한 각론에 해당한다고 할 수 있다. 그러나 전쟁은 이기는 것이 최우선이라는 관점에 서면 원칙을 벗어나지 않는다.

「화공」(火攻)

화공은 문자 그대로 적을 불로 공격하는 방법을 말한다. 이기기 위해선 모든 수단을 강구해야 한다. 화공은 수공(水攻)보다 효과적이라는 전제하에 손자는 긴 역사를 가졌다는 전통적인 진술을 잊지 않고 강조한다. 불은 가장 원시적인 무기지만 가장 첨단 무기이기도 하다. 군대의 물리적 힘을 여전히 화력(火力)이라 하지 않는가. 불은 타격 효과도 클 뿐 아니라 바람과 결합했을 때 위력은 두려움을 일으키며 상당한 심리적 충격을 입힌다.

손자는 첫 문장에서 불 공격의 목표를 거론한다. "화공에는 다섯 가지가 있다. 첫째, 사람을 불공격한다. 둘째, 식량을 불공격한다. 셋째, 보급품을 불공격한다. 넷째, 무기창고를 불공격한다. 다섯째, 땅굴을 불공격한다"[凡火攻有五 : 一曰火人, 二曰火積, 三曰火輜, 四曰火庫, 五曰火隊]. 마지막 화대(火隊)를 두고 논란이 있다. 대(隊)가 무엇이냐가 문제인데 무리라는 뜻에 집중해 군대 무리로 보기도 하고(이때는 화인火人과 겹친다), 물건의 집적으로 보기도 하는데(이때는 화치火輜나 화고火庫와 겹친다) 현대 연구가의 의견을 따라 대(隊)를 수(隧)로 보아 성(城)을 공격할 때 땅굴을 파고 침입하는 적으로 보았다.

화공은 당연히 날씨와 지형에 깊이 관계되므로 병음양(兵陰陽)과 붙어 다닌다. 비 오는 날 화공을 쓸 수 없으며 비가 자주 내리는 시기에 화공은 생각하기 어렵다. 또 낮은 곳에서 높은 곳으로 공격하기보다는 높은 곳에서 낮은 곳으로 공격을 퍼붓기 쉽고 효과적이다. 바람의 방향과 세기에 대한 연구도 빠질 수 없다. 병음양을 연구한 술수가(術數家)의 견해와 역할이 중요하다. 예기치 않게 당대의 천문에 대한 견해가 보여 흥미롭다.

손자는 결론에서 말한다. "이익이 아니면 움직이지 않는다. 얻을 게 아니면 병사를 쓰지 않는다. 위태롭지 않으면 싸우지 않는다. [···] 이익에 부합하면 움직이고 이익에 부합하지 않으면 멈춘다"[非利不動, 非得不用, 非危不戰 ··· 合於利而動, 不合於利而止]. 이 말은 화공과 관련된 것이라기보다는 전쟁 일반에 대한 재천명으로 읽어야 할 것이다. 철저하게 국가 이익이라는 관점에서 사고한다. 이어지는 마지막 글에서 임금이 분노했다고 전쟁을 일으켜서는 안 된다고 얘기하는 것을 보면 국가대사라는 전제가 글 전체를 관통하고 있음을 알 수 있다.

「용간」(用間)

용간의 간(間)은 간첩을 말한다. 분단의 역사를 겪어 간첩이란 말이 섬뜩할 수 있으니 스파이(spy)나 에이전트(agent) 같은 말로 바꿔서 이야기해 볼 수 있겠다. 이 말들의 함의는 다 같건만 드러나는 말에 따라 이미지는 천양지차다. 그러나 뭐라 부르든 적국이건 동맹국이건 상대가 존재하는 한 정보수집은 피할 수 없기에 '간'은 필수불가결한 요소다. 그럼에도 춘추시대라는 이른 시기에 첩자라는 인식이 존재한다는 건 예사롭지 않다. 손자는 간첩의 중요성을 가장 먼저 설파한다.

적과 서로 수년간 버티면서 하루의 승리를 얻으려 다투는데 벼슬과 백금을 아까워하며 적의 실정을 모르는 것은 가장 어질지 못한 것이며 사람들의 장수가 아니며 임금을 돕는 게 아니며 승리하려는 임금이 아니다. 그러므로 훌륭한 임금과 현명한 장수가 움직이기만 하면 적을 이겨 공적이 남들보다 두드러진 까닭은 먼저 알기 때문이다.

相守數年, 以爭一日之勝, 而愛爵祿百金, 不知敵之情者, 不仁之至也, 非人之將也, 非主之佐也, 非勝之主也. 故明君賢將, 所以動而勝人, 成功出於衆者, 先知也.

손자는 "무릇 십만의 군사를 일으켜 천리의 출정길에 나서"[凡興師十萬, 出征千里]라는 말로 「용간」을 시작한다. 전쟁을 국가대사라고 거듭 강조했는데 그 말은 상당 부분 전쟁이 가져오는 국가의 경제적 부담을 가리킨다. 이렇게 큰 부담이 있기에 적의 실정을 파악하는 용간의 필요성은 절대적일 수밖에 없다. 국가 전체의 명운이 걸려 있기에 "승리하려는 임금이 아니다"[非勝之主也]라는 강한 어조까지 등장한다. 현실성이 절실한 발언이다. 수년간 버틴다고 말했으니 손자 시대에 이미 대규모 회전(會戰)뿐 아니라 장기 지구전의 양상까지 확대되었음을 알겠다. 중요한 역사적 사실을 알려 주는 증언이다.

손자는 이 글에서 정보의 중요성, 먼저 안다[先知]는 데로 이동했다. 현재에 와서 더 귀중해진 전술이다. 손자의 통찰력은 여기서 그치지 않는다.

> 먼저 아는 일은 귀신에게서도 얻을 수 없고 일에서 조짐을 파악할 수도 없고 도량형으로 증명하듯 얻을 수도 없다. 반드시 사람에게서 얻어야 적의 실정을 안다.
>
> 先知者, 不可取於鬼神, 不可象於事, 不可驗於度, 必取於人, 知敵之情者也.

손자의 이 말은 중요하다. 손자는 정보의 직접성을 정확히 꿰뚫고 있다. 귀신도, 점치는 역(易)도, 도량형의 정확성도 정보를 얻는 일과 아무 상관 없다. 오직 사람에게서 얻어야 한다. 대단한 현실감각이다. 『손자병법』 전체를 관통하는 태도가 이 문장에 담겨 있다고 생각한다. 그렇다면 사람을 통해/써서 먼저 아는 일의 중요성은 알겠는데 구체적인 방법은 어떠할까? 정보를 얻는 일을 아무나 할 수 있으면 정보의 중요성을 강조할 필요도 없을 터, 아니 중요성만큼이나 가치를 두어야 할 것은 먼저 알기, 즉 정보의 속도다. 다양한 루트를 통해야 가능하다.

문장은 바로 이어진다.

그러므로 간첩을 쓰는 데엔 다섯 가지가 있다. 인간, 내간, 반간, 사간, 생간. 다섯 간첩을 함께 활용하되 그 방법은 아무도 모르게 해야 한다. 이를 신기(神紀)라 하니 임금의 보배다.

故用間有五：有因間, 有內間, 有反間, 有死間, 有生間. 五間俱起, 莫知其道, 是謂神紀, 人君之寶也.

인간(因間)은 적국의 일반 백성을 간첩으로 매수해 쓰는 것. 내간(內間)은 적국의 관리를 매수해 쓰는 것. 고위직일수록 더 좋다. 반간(反間)은 이중스파이. 적의 간첩을 매수하는 것이다. 사간(死間)은 우리 스파이가 거짓 정보를 적에게 주는 것을 말한다. 거짓이 드러나면 죽을 수밖에 없기 때문에 사(死)라는 말을 썼다. 버리는 패라고 할 수 있다. 생간(生間)은 임무를 완수하고 생환한 우리 스파이. 다섯 종류는 적과 아군을 동시에 사용하기도 하고 위아래의 정보를 모두 수집하며 거짓 정보까지 활용한다는 점에서 입체적이다. 이 가운데 이중스파이[反間]가 가장 귀중하다. 이중스파이는 상대 스파이를 역이용하는 것으로 신뢰도가 가장 높기 때문이다. 위험도가 가장 높기에 신뢰도도 가장 높다는 역설과 역동성이 여기서도 작동한다. 내간의 경우 역사에서 많이 볼 수 있는 유형으로 진나라가 천하를 통일할 때 상대 나라의 고위 관리를 뇌물로 구워삶는 수법을 이미 구사했다. 유방의 일급 참모였던 진평(陳平)이 애용했던 것도 내간이었다. 위험을 안고 간다는 점에서 스파이는 은밀함의 최고 경지라 하겠다. 이 은밀함 때문에 신령스럽다는 말을 썼다. 아무도 모르니 신령스럽게 보일 수밖에. 보배라는 말은 상투어가 아니다. 뒤에 이런 말이 보인다.

> 성스럽고 지혜롭지 않으면 간첩을 쓸 수 없고 어질고 의롭지 않으면 간첩을 부릴 수 없으며 미묘하지 않으면 간첩의 진심을 알 수 없다. 미묘하고 미묘하다, 간첩을 쓰지 않는 곳이 없다.
>
> 非聖智不能用間, 非仁義不能使間, 非微妙不能得間之實, 微哉微哉, 無所不用間也.

왜 아니겠는가. 우리가 이중스파이를 쓰는 등 다섯 간첩을 죄다 동원하는데 상대방이라고 가만있겠는가. 우리 스파이가 이중첩자가 아닌 줄 어이 알겠는가. 미묘할 수밖에. 인자한 마음으로 품어야 하지만 아닌 경우에는 의로운 태도를 보여야 하며 지혜로운 정도를 지나 성스러울 정도의 판단력을 가져야 한다. 그렇지 않고서야 스파이의 마음을 어이 읽겠는가. 손자는 환상을 품지 않는다. 인자함을 인간다운 윤리감각이니 하는 따위의 추상적인 생각으로 이상화하지 않는다.

간첩 일을 시작하지도 않았는데 먼저 소문이 들린다면 간첩과 말한 사람 모두 죽어야 한다.

間事未發而先聞者, 間與所告者皆死.

이 말은 냉혹한 표현이 아니다. 문장은 문자(聞者)를 먼저 쓰고 고자(告者)를 뒤에 써서 호문(互文) 형식인데, 스파이로 발탁된 사람이며 이 사실을 말한 제삼자, 들은 사람까지 모두 처형해야 한다는 말이다. 스파이를 쓸 때는 비밀이 가장 중요하기 때문이다. 손자에겐 현실을 모르는 인간들이 늘어놓는 꾸밈이 없다.

손자는 결론에서 역사의 선례를 가져와 논지를 보강한다.

옛날 은나라가 흥할 수 있었던 것은 이지(伊摯)가 하나라에 있었기 때문이다. 주나라가 흥할 수 있었던 것은 여아(呂牙)가 은나라에 있었기 때문이다. 그러므로 훌륭한 임금과 현명한 장수가 최고의 지혜를 간첩으로 쓴다면 반드시 큰 공을 세운다.

昔殷之興也, 伊摯在夏 ; 周之興也, 呂牙在殷. 故惟明君賢將, 能以上智爲間者, 必成大功.

이지는 이윤(伊尹)을 말하고 여아는 여망(呂望)으로도 알려진 강태공(姜太公)을 말한다. 은나라의 유명한 재상과 주나라의 개국공신을 손자는 간첩이라 부른다. 최고의 지혜를 가진 사람[上智]으로 인용한 것이지만 간첩으로 파악한 것은 분명하다. 성인(聖人)과 짝할 수 있는 인물을 간첩이라니. 넓게 보면 손자는 간첩을 음모가(陰謀家), 그러니까 병가(兵家)의 한 부분으로 간주한 것으로 이해할 수 있겠다. 그럼에도 유가적 사고에 익숙한 사람에게는 놀라운 시각이다.

여기서 이야기를 잠깐 멈추고 샛길로 빠져 보자. 이윤과 강태공을 간첩으로 판단하는 손자의 파격적인 상상력을 읽으면 한비자의 죽음이 떠오른다. 한비에 대한 이사(李斯)의 질투심으로 흔히 읽는 한비의 죽음을 다른 각도에서 해석하는 길이 열린다. 이사가 한비자에게 자살을 권해 죽도록 하는 장면은 사마천의 「한비열전」에 보인다. 이를 두고 지식인이 지식인을 탄압해 죽이는 시초로 보기도 하고 아까운 지식인이 사라지는 역사적 장면으로 보거나 하는 식으로 안타까움을 담아 읽는다. 하지만 한비를 한(韓)나라의 간첩으로 보면 얘기는 달라진다. 한나라가 살아남기 위해 훗날의 진시황에게 한비를 간첩으로 보내 음모를 도모한 것으로 보는 견해다. 진나라 측에서 이를 간파하고 음모를 분쇄했다는 독법인데 이런 해석은 손자의 용간(用間)을 전제하지 않으면 이해하기 어렵다.

『사기』를 읽어 보자.

> 이사와 요고가 한비를 해치려고 헐뜯으며 말했다. "한비는 한나라 공자 중 한 명입니다. 이제 왕께서 제후들을 통일하려 하시는데 한비는 끝까지 한나라를 위하지 진나라를 위하지는 않을 것입니다. 이게 인간의 본심입니다. 지금 왕께서 그를 쓰지 않으시고 오래 억류해 두었다가 돌려보내신다면 이는 그 자체로 후환을 남기는 일입니다. 법을 어긴 것으로 그를 죽이는 게 낫습니다." 진왕은 그렇다고 생각해 관리에게 한비를 넘겨 죄를 다스리도록 했다.
>
> 李斯姚賈害之, 毁之曰："韓非, 韓之諸公子也. 今王欲幷諸侯, 非終爲韓不爲秦, 此人之情也. 今王不用, 久留而歸之, 此自遺患也. 不如以過法誅之." 秦王以爲然, 下吏治非.

사마천의 글에는 주어가 이사와 요고로 되어 있는데 『전국책』(戰國策)에는 다른 버전으로 자세한 얘기가 실려 있다. 『전국책』에서는 한비가 요고를 출신이 비천해 자기 이익을 도모한다는 말로 도발하며 교묘하게 모함하는데 요고가 이를 빼어난 말솜씨로 방어하는 양상으로 전개된다. 말 전쟁이 벌어지는 진경이 펼쳐지는데 문제는 한비가 말더듬이라는 것. 한비는 도발하는 말을 하는 것으로 그만 사라지고 요고의 발언이 압도적이다. 『전국책』은 요고의 뛰어난 현실논리를 보여 준다. 반면 사마천은 윤곽만을 두루뭉술하게 보여 준다. 자신의 처지와 겹쳐진 한비에 대한 애정이 깊어서였을 것이다. 한비와 요고의 대결은 국력 차이와 두 나라 사이의 불균형이 신하 사이에 어떤 결과를 초래하는지 적나라한 축소판으로 읽을 수 있다. 글로 싸우는 전쟁이었다면 한비가 좀 더 발언권을 갖지 않았을까. 사마천의 글만으로는 간첩 혐의에 대한 맥락이 선명하지 않다. 『손자병법』의 용간을 염두에 두고 『전국책』과 나란히 읽으면 한비를 간첩으로 몰아가는 그네들의 계략이 허튼짓만은 아님을 알 수 있다. 또 『사기』「진시황열전」에는 간략하지만 다른 버전도 실려 있다. 이사의 계책은 한(韓)나라를 먼저 멸망시켜서 나머지 나라들을 공포에 떨게 하는 것. 이사는 통일의 흐름을 정확히 읽고 동부전선에서 가장 약한 고리를 쳐야 한다고 생각했고 올바른 판단이었다. 급해진 건 한나라. 한나라 왕은 한비와 함께 진나라를 약화시키는 방안을 짜고 한비를 진나라에 사신으로 보낸다. 한비가 진나라를 약화시킬 계책을 가지고 진나라에 왔다는 사실은 한비가 어떤 존재인지를 명확하게 드러낸다.

길지만 『손자병법』 13편 전체를 정리한 데에는 이유가 있다. 편 하나하나를 개괄하면서 전체 윤곽을 잡고 주요 개념을 드러내 이후 논의를 순조롭게 하기 위해서다. 아울러 손자의 글이 일관된 목적을 가지고 구성됐음을 보여 주고자 했다. 『손자병법』을 실제로 읽어 보면 이 책에서 소개한 것보다 훨씬 더 논리적임을 실감할 수 있다. 이 책에서의 요약은 거친 윤곽만 그린 데 불과하다.

전통 시대에 손자의 호소력은 상당했다. 손자가 구상한 병법은 춘추시대 전차 중심이고 해군은 염두에 두지 않았는데 병제(兵制)가 커지고 더 정비된 후대에도 영향력은 줄어들지 않았다. 문인들에게까지 영감을 주었는데, 손자의 문장은 압축적이라 뼈대만 서 있는 글에 살을 붙이고 싶은 욕망을 불러일으킨다. 원칙만 직서(直敍)한 문장에 자신의 설명을 붙여 텍스트를 소화하기 쉽게 만들도록 유혹하는 문장이기도 하다. 손자 이후 중국 역사에 쌓인 전쟁 경험을 『병법』에 끼워 넣어 원칙의 활용과 역사 경험을 테스트해 보려는 욕구도 잠재우기 쉽지 않았을 것이다. 주석가들이 연이어 나왔던 이유이다.

2부

주석가들

孫子兵法

1장 _ 십일가주

『손자병법』 주석서를 십일가주(十一家注)라고 말하는데 십일가(十一家)는 열한 명의 주석가들을 말한다. 『손자병법』 주석의 역사는 길어서 열한 명을 시대별로 나눌 수 있다. 이들의 프로필을 간단히 작성해 보자.

당나라 이전의 주석가들

조조(曹操)

삼국시대 위(魏)나라 무제(武帝). 소설 『삼국지연의』(三國志演義)의 주인공 바로 그 조조다. 뛰어난 시인이자 정치가, 군사전략가이면서 인재를 보는 안목이 남달랐던 대단한 인물이다. 소설 속에서 오도된 이미지로 판단해서는 곤란하다. 뛰어난 무장으로 용병에 능해 이론과 실전을 겸비한 사람으로

『손자병법』 주석에 이만한 적임자도 없다는 생각이 든다. 우리가 현재 읽는 『손자병법』은 조조의 손을 거쳐 정리된 책이다. 조조는 『손자병법』을 정리했을 뿐만 아니라 주석까지 붙여 읽기 편하도록 한 공이 크다. 다만 주석이 간략한 편이라 좀 더 설명이 필요하다는 생각이 든다. 조조가 손자를 주석한 책이 『손자약해』(孫子略解)다. 원본은 상실되고 십일가주 안에 그의 글이 남았다. 조조는 병법에 일가를 이룬 사람이라 당시까지 전해지던 병서(兵書)를 정리하고 자신이 깨우친 바를 책으로 남겼는데 후대에 『조공신서』(曹公新書)로 알려졌다. 이 책 역시 전해지지 않는데 송나라의 장예(張預)가 『손자병법』의 「작전」(作戰) 편을 주석하면서 "『조공신서』에서 말하길"(曹公新書云)이라며 인용한 부분이 남아 있어 일부나마 볼 수 있다. 조조의 주석은 손자의 주석 가운데 가장 뛰어난 것으로 알려져 있다. 조조가 남긴 서문이 있어 참고가 된다.

> 내 듣건대, 먼 옛날에 "활과 화살"[弧矢](『주역』周易 「계사전」繫辭傳)의 이로움이 있었고 『논어』(論語)에 "군비가 충분해야 한다"[足兵]고 했으며 『상서』(尙書)에 "여덟 가지 정책"[八政] 가운데 "군사"[師]를 말했으며 『주역』에도 "군사는 올바르게 되어야 하니 훌륭하고 강한 사람이 군사를 훈련해야 길하다"[師貞, 丈人吉]라 했으며 『시경』(詩經)에 "왕이 분노

하여 군대를 이끌고 정벌하셨네”[王赫斯怒, 爰征其旅]라 했고 황제(黃帝), 탕(湯)임금, 무왕(武王)이 모두 군사를 써서 세상을 구하였다. 『사마법』(司馬法)에 “어떤 사람이 고의로 다른 사람을 죽이면 살인자는 죽여도 된다. 무력[武]을 믿는 사람은 멸망할 것이며 문화[文]를 믿는 자는 사라질 것이다”라고 했는데 (춘추시대 오吳나라 왕) 부차(夫差, 무력을 믿다 멸망한 경우), 서(徐)나라 언왕(偃王, 문화를 믿다 사라진 경우)이 이들이다. 성인(聖人)의 용병은 군사를 거두어들였다가 때에 알맞게 움직였으니 어찌할 수 없어 사용한 것이다.

내가 병서(兵書)와 전쟁의 계책을 많이 보았는데 손자가 저술한 것이 심오했다. 계책을 심사숙고하고 움직임이 신중하며 기획이 명확하고 구도가 깊어 속일 수가 없었다. 다만 세상 사람들이 가르침을 깊이 깨우치지 못한 데다 글이 번거로울 정도로 많아 세상에 유통되는 책은 그 핵심 요지를 잃었다. 그러므로 따로 엮어 약해(略解)라 하였다.

操聞 : 上古有“弧矢”之利, 『論語』曰“足兵”, 『尙書』“八政”曰“師”, 『易』曰“師貞, 丈人吉”, 『詩』曰“王赫斯怒, 爰征其旅”, 黃帝湯武咸用干戚以濟世也. 『司馬法』曰“人故殺人, 殺之可也. 恃武者滅, 恃文者亡.” 夫差偃王是也. 聖人之用兵, 戢而時動, 不得已而用之. 吾觀兵書戰策多矣, 孫武所著深矣, 審計重舉, 明劃深圖, 不可相誣. 而但世人未之深亮訓說, 況文煩富, 行於世者失其旨要, 故撰爲略解焉.

간결하게 잘 쓴 서문이다. 잘 쓴 이유는 이러하다. 첫째 옛글의 격식을 잘 지켰다. 유구한 전통을 끌어와 책의 중요성에 대한 근거를 댔다. 역사적 선례를 동원해 논지를 보완했다. 용병이 긴요한 일임을 저절로 드러나게 하여 독자가 설득되도록 하는 방법이다. 앞에서 빼어난 책들을 열거해 자신의 지식을 보였으니 『손자병법』이 왜 뛰어난 책인지 설명하는데 신뢰가 간다. 거기에 자신이 느끼는 문제점을 밝혔으니 자신의 저술의도와 목적이 뚜렷해진다. 글의 흐름이 유려하다.

둘째 짧은 글 안에 자신이 하고자 하는 말을 남김없이 다 했다. 간결하다는 말은 이럴 때 쓰는 법이다. 군더더기 하나 없이 글자 하나 낭비하지 않았다. 허투루 쓴 말이 없다는 건 대상을 완전히 장악했다는 뜻이니 멋을 내는 수식이나 미문(美文)에 대한 강박이 없다. 그럴 필요가 없는 것이다. 150자가 채 안 되는 짧은 글 안에 자기가 하고 싶은 말을 다하고 글쓴이의 성격까지 엿보게 했으니 훌륭한 글이다. 조조의 주석을 기대하고 신뢰하는 근거가 된다.

맹씨(孟氏)

생애며 이름이 자세히 전하지 않는다. 기록에 남조(南朝) 양인(梁人)이라고만 보인다. 문화가 번성했던 양나라 사람으로, 이른 시기에 『손자병법』 주석서 『해고』(解詁)를 썼다고만 되어 있다. 간략한 주석이다.

이상 두 사람(조조와 맹씨)은 당나라 이전에 주석을 단 사람들이다. 길을 개척해 방향을 제시한 조조의 공로가 으뜸이고 간결한 주석도 최고라 할 수 있다.

당나라 시기의 주석가들

이전(李筌)

당나라 개원(開元)·천보(天寶) 연간 사람이란 기록이 보인다. 당나라 전성기 때 사람으로 도교(道敎) 연구가 깊어 그에 대한 저술을 남긴 것으로 알려졌다. 역사에서 얻은 관점에서 주석을 달았다.

두목(杜牧)

만당(晩唐)을 대표하는 저명한 시인이다. 당나라를 대표하는 시인 두보(杜甫)에 견주어 소두(小杜)라 불린다. 역사에 조예가 깊어 역사를 소재로 한 유명한 시를 남겼다. 그런 관점이 『손자병법』 주에도 그대로 드러나 역대 역사를 종횡하는 박식이 잘 드러난다. 주석 자체는 조조의 생각과 다르지 않으나 전사(戰史)로 증명하는 방식에서 예기치 않은 혜안이 드러나기도 한다. 성취도 크고 후대에 가장 큰 영향력을 발휘한 주(注)로 단행본(13권)으로 유통되었다.

두목이 쓴 「주손자서」(注孫子序)에는 문인의 결기가 잘 드러난다.

> 어느 시대 어떤 사람이 두 길로 나누어 문(文)이니 무(武)니 하면서 분리되어 평행으로 가게 되었는지 모르겠으나 이 때문에 벼슬하는 선비들은 감히 군사 문제를 말하지 않게 되거나 말하는 걸 부끄러워하게 되었다. 군사를 말하는 사람이 있으면 세상에서는 거칠고 난폭한 이상한 사람으로 여겨 사람들은 동료로 끼워 주지 않았다. 아아 근본을 잃은 것이 가장 심한 경우라 하겠다. […] 내가 스무 살이 되어 비로소 『상서』(尙書)·『모시』(毛詩)·『좌전』(左傳)·『국어』(國語)·13대 사서(史書)를 읽으면서 한 나라를 세우고 한 나라를 멸망시키는 일이 처음부터 군사[兵]와 관계되지 않은 게 없다는 걸 알았다. 군사를 주관하는 사람이 성현이나 재능 있는 사람, 아는 게 많고 박식한 사람일 경우 반드시 한 나라를 세웠고, 건장한 모습에 칼을 쓸 줄만 알지 배우지 못한 사람은 반드시 나라를 망하게 했다. 일이 그렇다는 걸 본 뒤 나라를 다스

리는 일은 군사가 가장 중요하며 현명한 경대부가 아니라면 그 일을 감당할 수 없음을 진실로 알았다.

復不知自何代何人分爲二道, 曰文曰武, 離而俱行. 因使搢紳之士不敢言兵, 或耻言之 ; 苟有言者, 世以爲粗暴異人, 人不比數. 嗚呼, 亡失根本, 斯最爲甚 […] 及年二十, 始讀尙書·毛詩·左傳·國語·十三代史書, 見其樹立其國, 滅亡其國, 未始不由兵也. 主兵者, 聖賢材能多聞·博識之士, 則必樹立其國也 ; 壯健擊刺·不學之徒, 則必敗亡其國也. 然後信知爲國家者, 兵最爲大, 非賢卿大夫, 不可堪任其事.

두목은 문무(文武)의 분리를 문제 삼으면서 지식과 결부시킨다. 두목의 태도는 주지주의(主知主義)라고 할 수 있지만 역사가 역대 왕조의 거울이었다는 유가의 전통을 상기하면 지식인의 일반적인 태도라 하겠다. 그러나 두목도 문사(文士)인지라 문사의 관점에 치중해 실전감각 부족으로 실수한 부분이 눈에 띄는데 이를 공격한 사람이 진호다.

진호(陳皥)

만당 사람으로 행적이 자세하지 않다. 송나라의 유명한 문인이자 학자인 구양수는 「손자후서」(孫子後序)를 썼는데 자신의 친구이자 당시 최고 시인이었던 매요신이 쓴 『손자병법』

주에 붙인 글이다. 그 글을 시작하며, "세상에 전하는 13편은 대부분 조공, 두목, 진호의 주를 쓰는데 삼가(三家)라고 부른다. [···] 진호는 가장 뒤에 나온 사람으로 그의 설명은 왕왕 두목의 단점을 공격했다"[世所傳孫子十三篇, 多用曹公, 杜牧, 陳皥注, 號三家 [···] 皥最後, 其說時時攻牧之短]라고 했다. 당나라가 망하고 송나라의 관점에서 이전 시대를 돌아보며 쓴 글이니 당시의 정황을 잘 알려 준다 하겠다. 하물며 구양수는 『신당서』(新唐書)를 쓴 사람이니 누가 당나라의 역사를 그보다 더 정통할까. 진호의 주가 확실히 두목의 단점을 보충하긴 했으나 두목에 비해 성취가 크지 않다는 게 일반적인 견해다.

가림(賈林)

덕종(德宗) 때 사람으로 가은림(賈隱林)으로도 불린다. 절도사 이포진(李抱眞)의 문객으로 알려졌는데 실전에도 관여했던 경력이 보인다. 간략한 주를 썼다.

두우(杜佑)

두목의 조부다. 두목이 공부가 깊었던 것은 집안 내력이라는 생각이 드는데 바로 두우의 존재 때문이다. 최초의 백과사전으로 알려진 『통전』(通典)의 저자로 불후의 이름을 남긴 두우를 통상적인 주석가로 분류하긴 힘들다. 두우는 따로 손자주를 지은 게 아니라 『통전』의 병부(兵部)를 작성하면서 『손자병법』을 기록한 것이기 때문이다. 두우의 주라고 한 것은 실상 『통전』의 문장을 말한다. 송나라에서 '무경칠서'(武經七書)로 정리하면서 '손자십가주'(孫子十家注)라고 했다. 여기에 두우의 글이 들어가 '십일가주'(十一家注)가 완성된 것이다. 송대 판본을 두고 '십가주'라 하기도 하고 '십일가주'라 하기도 하는데 둘은 같은 의미다. 우선 『통전』의 성격 때문에 다른 호칭이 생겼다. 둘째로 송나라 판본에는 송나라 정우현이란 사람이 쓴 「십가주손자유설병서」(十家注孫子遺說幷序)가 부록으로 실려 있는데 주석에 실리지 못한 몇몇 설명을 붙인 글로, 제목에 쓴 '십가주'라는 말 때문에 '십가'니 '십일가'니 혼동이 생겼던 것이다. 현재는 대체로 '십일가주'로 통용된다.

이상 네 사람이 당나라 때 주석가들이다. 두목이 가장 유명하지만 두우의 주석이 가치가 높다.

송나라 시기의 주석가들

매요신(梅堯臣)

송나라를 대표하는 시인 가운데 한 사람이다. 구양수의 친구이기도 한데 문인이 쓴 주라는 점에서 두목과 통하는 점이 있다. 매요신이 쓴 주석 단행본은 남아 있지 않고 십일가주에 실린 것을 볼 수 있다. 구양수는 「손자후서」(孫子後序)에 매요신의 견해를 잘 담았다.

> 나중의 학자들은 그 책[『손자병법』]을 보기만 하거나 또 각자 자기 견해에 견강부회했기에 주석을 붙인 사람들이 많기는 하나 합당한 견해는 적다. 내 친구 성유(매요신의 자字)만은 그렇지 않은데 그가 손무의 책을 논평한 적이 있다. "이 책은 전국시대 서로 경쟁하던 시기의 견해다. 하은주 삼대 훌륭한 왕들의 군사(軍師)나 『사마법』의 '아홉 가지 죄를 정벌하는 법'에 손무는 미치지 못한다. 그러나 그 문장이 간결하고 의미가 깊은 것, 병사를 이끌고 용병하며 적을 헤아려 승리의 기틀을 만드는 것에도 모두 법도를 갖춘 점이나, 그 언어가 매우 질서정연한 것을 나는 아낀다. 그러나 주석을 붙인 사람들이 손무의 글을 혼란스럽게 해 그 뜻을 잃기도 하였다. 이에 내가 주석을 붙였다."
>
> 後之學者, 徒見其書, 又各牽於己見, 是以注者雖多, 而少當也. 獨吾友聖兪不然, 嘗評武之書曰 : "此戰國相傾之說也, 三代王者之師, 司馬九伐之法, 武不及也. 然亦愛其文略而意深, 其行師用兵·料敵制勝亦皆有法, 其言甚有次序. 而注者汨之, 或失其意. 乃自爲注."

손자의 책이 삼대의 왕사(王師)나 『사마법』에 미치지 못한다는 말에 무게를 둘 필요는 없다. 전통의 원천이 되는 책에 어떻게 『손자병법』을 견주겠는가. 어떤 글도 『논어』에 비교할 수 없는 것과 마찬가지다. 매요신이 『손자병법』을 아끼는 이유는 세 가지다. 첫째, 문장이 간결하고 의미가 깊다는 것[文略而意深], 둘째 용병 등에도 법도가 있다는 점[行師用兵·料敵制勝亦皆有法], 셋째 언어가 매우 질서정연하다는 사실[言甚有次序]. 첫번째 장점은 매요신이 문인으로서의 안목을 드러내 손자의 문장력을 칭찬한 것이다. 둘째는 실전경험을 바탕으로 짜임새를 갖추고 체계적으로 진술했다는 의미로, 세 번째 이유와 맞물린다. 셋째는 글쓰기 방식에서 접근한 것으로, 전쟁을 계획하는 기본토대에서 실행하고 특수전에 도달하기까지 전체가 논리적으로 구성됐다는 말이다.

손자의 저술을 꿰뚫어 본 수준 높은 안목이다. 구양수가 칭찬한 말은 빈 소리가 아니었다. 매요신의 언어는 구양수의 예리하면서 기품 있는 글과 잘 어울린다. 언어의 달인답게 매요신의 주는 간결하고 핵심을 찌른다. 뒷날 주희(朱熹)는 구양수가 매요신을 칭찬한 글을 두고 약간의 수정을 가한다. 주석을 보면 두목의 주가 더 좋다고. 두목의 주가 더 유명한 게 사실이다. 두목과 매요신 둘 다 최고의 시인이라 명성에 걸맞게 그들의 손자주도 오래 명성을 유지했다.

왕석(王晳)

송나라 인종(仁宗) 때 사람으로 알려졌는데 자세한 행적은 보이지 않는다.

하씨(何氏)

하연석(何延錫)으로 알려졌다. 주석이 많지는 않으나 종종 역사에서 가져온 긴 주석을 붙였다.

장예(張預)

남송 때 사람이다. 가장 후대의 사람으로 십일가주의 막내다. 그의 주석은 명쾌해서 조조의 간결한 주석을 이해하는 데 큰 도움이 된다. 전사(戰史)에 대한 풍부한 지식도 그의 주석이 가진 장점이다. 송나라 때 주석으로 매요신의 주가 가장 유명한데 그에 필적하는 좋은 주석이다.

이상 네 사람이 송나라 때 주석가들이다. 매요신이 돋보이지만 장예의 주는 새로운 발견이다.

십일가주를 총괄하면 조조와 두우의 주를 가장 높이 평가할 수 있다. 후대의 주석은 대부분 조조가 제시한 길을 넓히고 수정했다고 보면 될 것이다. 읽는 재미로 보자면 역사적 사례가 많아 두목의 주가 으뜸이지만.

2장 _ 주석의 실제

주석가들을 일별해 보았으니 실제 주석을 볼 차례다. 예문을 들어 본다.

예문 1

삼군의 많은 군대가 반드시 적의 공격을 받게 되더라도 패하지 않는 것은 기정(奇正), 이것 때문이다.(「세」)

三軍之衆, 可使必受敵而無敗者, 奇正是也.

○ **조조** 먼저 적에게 나가 전투를 벌이는 것이 정(正)이며 뒤에 나가는 것이 기(奇)다.

○ **이전** 앞에서 적을 감당하는 것이 정이고 옆으로 군사를 출동하는 것이 기다. 삼군을 거느렸으면서 기병(奇兵)이 없으면 적과 싸워 승리를 다툴 수 없다. 한나라 때 (오초칠국吳楚七國의 난이 일어나) 오왕(吳王) 비(濞)가 군사를 이끌고 대

량(大梁)으로 들어갔다. 오나라 장군 전백록(田伯祿)이 오왕을 설득하며 말했다. "군사를 집결해 서쪽으로 가면서 다른 기병의 방도[奇道]가 없으면 공을 세우기 어렵습니다. 신이 바라건대 오만 명을 거느리고 따로 장강[江]과 회수[淮]를 따라 위로 올라가 회남(淮南)과 장사(長沙)를 점령하고 무관(武關)으로 들어가 대왕과 만나고자 합니다. 이 또한 한 가지 기(奇)입니다." 오왕이 따르지 않았다. 마침내 주아부(周亞夫)에게 패하고 말았다. 이런 경우 정(正)만 있고 기(奇)는 없는 것이다.

○ **두목** 풀이가 다음 문장에 보인다.*

○ **가림** 적과 싸울 때는 정공법의 진[正陣]을 쓰고 승리를 가질 때는 기병(奇兵)을 써서 전후좌우가 모두 호응할 수 있어야 언제나 싸워도 이기고 패배하지 않는다.

---

* 두목은 손자의 다음 문장에 보이는 기정에 자신의 견해를 밝혔기 때문에 이렇게 말한 것이다. 「세」 본문에, "그러므로 기를 잘 발휘하는 것은 천지처럼 무궁하고, 장강·황하처럼 마르지 않는다. 끝나면 다시 시작하니 해·달과 같고, 죽었다가는 다시 살아나니 사계절과 같다. 소리는 다섯 음에 지나지 않으나 오음의 변화는 사람이 이루 다 들을 수 없고, 색은 다섯에 지나지 않으나 오색의 변화는 사람이 이루 다 볼 수 없으며 맛은 다섯 가지에 지나지 않으나 오미의 변화는 사람이 이루 다 맛볼 수 없는 것과 같다"[故善出奇者, 無窮如天地, 不竭如江河. 終而復始, 日月是也; 死而復生, 四時是也. 聲不過五, 五聲之變, 不可勝聽也. 色不過五, 五色之變, 不可勝觀也. 味不過五, 五味之變, 不可勝嘗也]라는 글이 보이는데 이 글을 두고 두목은, "무궁여천지(無窮如天地) 이하는 모두 기정(奇正)의 변화를 두루 펼쳐 비유한 것이다"라고 주석을 붙였다. 두목은 앞에 기정이란 말이 처음 나왔을 때 따로 주석을 하지 않았다가 여기 보이는 비유에 와서 기정에 대한 자신의 의견을 비쳤다.

○ **매요신** 움직이는 것이 기고 고요한 것이 정이다[動爲奇, 靜爲正]. 고요함으로 적을 기다리고 움직임으로 승리한다.

○ **왕석** 본문의 필(必)이라는 글자는 필(畢, 모두) 자가 되어야 한다. 글자가 잘못됐다. 기정(奇正)은 순환하며 상생(相生)하기 때문에 우리 편이 모두[畢] 적의 공격을 받더라도 패배하지 않는 것이다.

○ **하씨** 군사의 모습은 수없이 변해[軍體萬變] 어지럽고 혼돈스럽지만 정(正)이 아닌 것이 없으며 기(奇)가 아닌 것이 없다. 군사를 의(義)로 일으킨 것은 정이며 적을 맞이해 변화에 맞게 움직이는 것은 기다. 나의 정은 적이 보고 기로 여기도록 해야 하며 나의 기는 적이 보고 정으로 여기도록 해야 한다. 정이 기이기도 하며 기가 정이기도 하다. 무릇 용병을 하는 사람은 기정(奇正)을 모두 가져야 하며 기정이 없이 이겼다면 요행으로 이긴 것이며 함부로 싸운 것이다. 예컨대 한신(韓信)이 배수진을 치고 군사를 이끌고 산을 따라가 조(趙)나라의 깃발을 뽑아 나라를 격파했을 때, 배수진을 친 것은 정(正)이고 산을 따라간 것은 기(奇)다. 한신이 또 임진(臨晉)에 대규모 병력으로 진 치고 나무통을 이용해 하양(夏陽)을 따라 안읍(安邑)을 습격해 위왕(魏王) 표(豹)를 생포했을 때, 임진에 진을 친 것은 정이고 하양을 따라간 것은 기다. 이런 관점에서 보면 적의 공격을 받고도 패하지 않는 것

은 기정을 말한다. 『위료자』(尉繚子)에, "여기 막야(鏌鎁) 검의 날카로움과 코뿔소의 견고함을 가지고 삼군의 무리가 기정(奇正)하는 법을 지녔다면 천하의 누구도 그 전투를 당해내지 못한다"라고 했다.

○ **장예** 삼군의 많은 군사 개개인이 모두 적의 공격을 받았는데도 패배하지 않은 것은 기정을 잘 썼기 때문이다. 기정에 대한 설명은 여러 사람마다 다르다. 『위료자』에는 "정병은 앞을 귀하게 여기고 기병은 뒤를 귀하게 여긴다"[正兵貴先, 奇兵貴後]라 했고, 조공(曹公)은, "먼저 적에게 나가 전투를 벌이는 것이 정(正)이며 뒤에 나가는 것이 기(奇)다"라 했으며, 이위공(李衛公)은, "군사가 앞으로 나아가는 것이 정이고 뒤로 물러나는 것이 기다"[兵以前向爲正, 後却爲奇]라고 했다. 이런 의견은 모두 정을 정으로 보고 기를 기로 본 것이어서 기정이 서로 변하며 순환하는[相變循環] 뜻을 잘 설명하지 못한다. 당태종(唐太宗)만이 이런 말을 했다. "기(奇)를 정(正)으로 만들었는데 적이 이를 보고 정이라 여긴다면 우리는 기로 적을 치고, 정을 기로 만들었는데 적이 이를 보고 기라 여긴다면 우리는 정으로 적을 친다. 기와 정을 섞어 한 가지 법으로 만들어 적이 헤아리지 못하게 해야 한다." 이것이 가장 훌륭한 설명이다.

○ 曹操曰 : 先出合戰爲正, 後出爲奇.

○ 李筌曰：當敵爲正, 傍出爲奇. 將三軍, 無奇兵, 未可與人爭利. 漢吳王濞擁兵入大梁, 吳將田伯祿說吳王曰：“兵屯聚而西, 無他奇道, 難以立功. 臣願得五萬人, 別循江淮而上, 收淮南·長沙, 入武關, 與大王會. 此亦一奇也.” 不從. 遂爲周亞夫所敗. 此則有正無奇.

○ 杜牧曰：解在下文.

○ 賈林曰：當敵以正陳, 取勝以奇兵, 前後左右俱能相應, 則常勝而不敗也.

○ 梅堯臣曰：動爲奇, 靜爲正；靜以待之, 動以勝之.

○ 王晳曰：“必”當作“畢”, 字誤也. 奇正還相生, 故畢受敵而無敗也.

○ 何氏曰：兵體萬變, 紛紜混沌, 無不是正, 無不是奇. 若兵以義擧者, 正也；臨敵合變者, 奇也. 我之正, 使敵視之爲奇；我之奇, 使敵視之爲正. 正亦爲奇, 奇亦爲正；大抵用兵皆有奇正；無奇正而勝者, 幸勝也, 浪戰也. 如韓信背水而陳, 以兵循山, 而拔趙幟, 以破其國, 則背水正也, 循山奇也. 信又盛兵臨晉, 而以木罌從夏陽襲安邑, 而虜魏王豹, 則臨晉正也, 夏陽奇也. 由是觀之, 受敵無敗者, 奇正之謂也. 尉繚子曰：“今以鏌鎁之利, 犀兕之堅, 三軍之衆, 有所奇正, 則天下莫當其戰矣.”

○ 張預曰：三軍雖衆, 使人人皆受敵而不敗者, 在乎奇正也. 奇正之說, 諸家不同. 尉繚子則曰：“正兵貴先, 奇兵貴後.” 曹公則曰：“先出合戰爲正, 後出爲奇.” 李衛公則曰：“兵以前向爲正, 後却爲奇.” 此皆以正爲正, 以奇爲奇, 曾不說相變循環之義. 唯唐太宗曰：“以奇爲正, 使敵視以爲正, 則吾以奇擊之；以正爲奇, 使敵視以爲奇, 則吾以正擊之. 混爲一法, 使敵莫測.” 玆最詳矣.

기정이 중요한 개념이긴 하나 파악하기 쉽지 않아 주석가들 사이에도 의견이 엇갈린다. 기정은 기와 정이라는 고정된 실체가 아닌데 주석가들 사이에서도 이를 나누어 생각하거나, 기와 정이라는 개념에 매달리거나 하는 등의 해석 태도를 보인다. 상황에 따라 운용하는 역동성과 기가 정이 되고 정이 기가 되는 유동성을 파악하기 힘들었기 때문일 것이다. 마지막에 당태종 이세민이 탁월한 의견을 내놓았는데 정곡을 찔렀다. 기와 정. 반대되면서 상호보완적이고 끊임없이 변하는 상태라 설명하기 쉽지 않다.

예문 2

무릇 전쟁은 정공법으로 적과 싸우고 기발함으로 승리한다.(「세」)

凡戰者, 以正合, 以奇勝.

○ **조조** 정(正)은 적을 맞아 싸우는 것이고 기(奇)는 군사가 옆에서 적의 준비 안 된 곳을 치는 것이다.

○ **이전** 전쟁에 속임수가 없으면 적을 이기기 어렵다.

○ **두우** 정은 적을 맞아 싸우는 것이고 기는 군사가 옆에서 적의 준비 안 된 곳을 치는 것이다. 정공법으로 적과 싸우고 기발한 변화로 승리를 얻는다.

○ **매요신** 정을 써서 적과 싸우고 기를 써서 적을 이긴다.

○ **하씨** 예를 들자. 전국시대 때 염파(廉頗)가 조(趙)나라 장군이 되었다. 진(秦)나라는 소문을 내 이간질을 했다. "진나라는 오직 조괄(趙括)이 두려울 뿐, 염파는 상대하기 쉬우니 곧 항복할 것이다." 때마침 염파의 군대에는 병력 손실이 많아 자주 패해 성벽을 굳건히 하고 싸우지 않았다. 또 진나라의 이간질하는 말을 듣고 조괄이 염파의 자리에 앉게 됐다. 조괄은 군대에 도착, 군사를 이끌고 진나라를 공격했다. 진나라는 패배한 척 도망가다 두 기병(奇兵)을 펼쳐 조나라를 공략했다. 조나라 군사는 승리를 쫓아 추격해 진나라 성벽

에 도달했으나 성벽이 견고하게 막아 진입할 수 없었다. 그런데 진나라 기병(奇兵) 2만 5천이 조나라 군사의 뒤를 끊고 또 5천의 기마병이 조나라 성벽 쪽에서 (본진과 조나라 기마병) 사이를 끊어 버리자 조나라 군사는 둘로 갈라져 식량길이 끊어졌고 조괄은 끝내 패배했다.

또 다른 예. 수(隋)나라 때 돌궐이 요새를 침범하자 양제(煬帝)는 당나라 고조[唐高祖]와 마읍(馬邑) 태수 왕인공(王仁恭)에게 명령을 내려 군사를 이끌고 국경을 지키게 했다. 때마침 오랑캐가 마읍을 침략하자 인공은 중과부적(衆寡不敵)이라 두려운 기색이 있었다. 고조가 말했다. “지금 임금은 멀리 계시고 고립된 성에 지원은 끊겼으니 죽기를 각오하고 싸우지 않으면 온전히 살아남기 어려울 거요.” 이에 직접 정예 기마병 4천을 선발해 성 밖으로 나가 유격대로 활동하면서 형편에 따라 머물고 음식을 해 먹으면서 수초(水草)를 따라 쫓아다니며 돌궐과 똑같이 행동했다. 오랑캐의 척후 기병을 보면 (수나라 군대가) 날쌔게 달려가 사냥할 뿐 (오랑캐를) 가벼이 여기는 것 같았다. 오랑캐와 마주치게 되면 적의 앞뒤로 진을 치고 활 잘 쏘는 군사로 별동대를 만들어 활을 당기고 대기하도록 했다. 오랑캐는 예측을 할 수 없어 감히 결전을 벌이지 못했다. 이 기회에 기병(奇兵)을 풀어 적을 치러 달려가 특륵(特勒, 고위관직)이 탔던 준마를 빼앗고 천여 머리를 베었다.

또 다른 예. 당 태종(太宗)은 정예병 천여 기(騎)를 선발해 기병(奇兵)으로 삼고 모두 검은 옷에 검은 갑옷을 입히고 좌우 두 부대로 나눠 큰 깃발을 세우고 기병대장 진숙보(秦叔寶), 정교금(程齩金)에게 각각 통솔하도록 했다. 적을 만날 때마다 태종은 몸소 검은 갑옷을 입고 선봉에서 통솔해 기회를 엿보고 전진해 적의 기세를 꺾었는데 항상 적은 수로 많은 적을 공격해 적의 무리가 겁을 먹었다.

또 다른 예. 오대(五代)시대 한(漢) 고조(高祖)가 진양(晉陽)에 있을 때 곽진(郭進)이 그에게 가서 의지하자 고조는 곽진의 재목을 훌륭하게 여겼다. 때마침 북쪽 오랑캐가 안양성을 도륙하자 곽진을 보내 공격해 성을 되찾게 하고 오랑캐들이 도망가자 곽진에게 방주자사(坊州刺史)를 맡겼다. 이후 오랑캐 왕이 길에서 죽자 고조는 정형산으로 기병(奇兵)을 출동시켰고 곽진은 사잇길로 명북(洺北)에 먼저 진입해 하북(河北)을 평정했다.

이런 일들은 모두 기(奇)를 써서 승리한 자취다.

○ **장예** 양군이 대치할 때 먼저 정병을 써서 적과 싸우고 천천히 기병(奇兵)을 출동해 옆을 때리기도 하고 뒤를 치기도 해서 승리하는 것이다. 예컨대 정백(鄭伯)이 연(燕)나라 군사를 막을 때 삼군은 앞에 배치하고 숨긴 군대는 그 뒤에 배

치하는 것이 이런 방법이었다.

○ 曹操曰：正者當敵, 奇兵從傍擊不備也.

○ 李筌曰：戰無其詐, 難以勝敵.

○ 杜佑曰：正者當敵, 奇者從傍擊不備；以正道合戰, 以奇變取勝也.

○ 梅堯臣曰：用正合戰, 用奇勝敵.

○ 何氏曰：如戰國廉頗爲趙將, 秦使間曰："秦獨畏趙括耳. 廉頗易與, 且降矣." 會頗軍多亡失, 數敗, 堅壁不戰. 又聞秦反間之言, 使括代頗. 至, 則出軍擊秦, 秦軍佯敗而走, 張二奇兵以劫之. 趙軍逐勝, 追造秦壁, 壁堅拒不得入. 而秦奇兵二萬五千絕趙軍後, 又五千騎絕趙壁間. 趙兵分爲二, 糧道絕, 括卒敗. 又隋突厥犯塞, 煬帝令唐高祖與馬邑太守王仁恭率衆備邊. 會虜寇馬邑, 仁恭以衆寡不敵, 有懼色. 高祖曰："今主上遐遠, 孤城絕援, 若不死戰, 難以圖全." 於是親選精騎四千, 出爲遊軍, 居處飲食, 隨逐水草, 一同於突厥. 見虜候騎, 但馳騁獵耳, 若輕之. 及與虜相遇, 則掎角置陳, 選善射者爲別隊, 持滿以待之. 虜莫能測, 不敢決戰. 因縱奇兵擊走之, 獲其特勒所乘駿馬, 斬首千餘級. 又太宗選精銳千餘騎爲奇兵, 皆黑衣玄甲, 分爲左右隊, 建大旗, 令騎將秦叔寶, 程齩金等分統之. 每臨寇, 太宗躬被玄甲, 先鋒率之, 候機而進, 所向摧殄, 常以少擊衆, 賊徒氣慴. 又五代漢高祖在晉陽, 郭進往依之, 漢祖壯其材. 會北虜屠安陽城, 因遣進攻拔之, 戎人遁去, 授坊州刺史. 虜主道甇, 高祖出奇兵井陘, 進以間道先入洛北, 因定河北. 此皆以奇勝之迹也.

○ 張預曰 : 兩軍相臨, 先以正兵與之合戰 ; 徐發奇兵, 或擣其旁, 或擊其後以勝之. 若鄭伯禦燕師, 以三軍軍其前, 以潛軍軍其後是也.

역시 기정이 문제가 되는데 하씨가 예를 많이 들어 설명해 이해하기 편하다. 까다로운 개념일 경우 주석가들은 다양한 설명으로 이해를 도왔다. 이에 비해 다음은 간단한 구절인데도 주석가들이 서로 다른 견해와 해석을 보인 경우다.

예문 3

자주 벌을 주는 것은 곤궁해서다.(「행군」)

數罰者, 困也.

○ **이전** 곤궁하면 자주 벌을 주어 병사들을 힘쓰게 만든다[勵士].

○ **두목** 사람은 힘이 곤궁하고 피폐하면 형벌도 두려워하지 않는다. 그러므로 자주 벌을 주어 두렵게 만든다[懼之].

○ **매요신** 사람들이 피폐해 명령을 받지 않으면 자주 벌을 주어 위엄을 세워야 한다[立威].

○ **왕석** 군사들이 피곤해 정신 차리고 삼가지 않으면 자주 벌을 주어 위협하는 것이다[脅之].

○ **장예** 힘이 다해 병사를 쓰기 힘들기 때문에 자주 벌을 주어 군사를 두렵게 만든다[畏衆].

(○ **두우** 자주 형벌을 내리는 것은 명령과 지침이 해이해지고 옮겨지지 않아서다. 이것이 피폐한 군대다.)

○ 李筌曰 : 困則數罰以勵士.

○ 杜牧曰 : 人力困弊, 不畏刑罰, 故數罰以懼之.

○ 梅堯臣曰 : 人弊不堪命, 屢罰以立威.

○ 王晳曰 : 衆困而不精勤, 則數罰以脅之也.

○ 張預曰 : 力困則難用, 故頻罰以畏衆.

예문 4

먼저 난폭하게 굴고 나중에 군사를 두려워하는 것은 최악으로 정밀하지 못한 것이다.(「행군」)

先暴而後畏其衆者, 不精之至也.

○ **조조** 먼저 적을 가볍게 보았다가 나중에 적이 많다는 말을 들으면 마음으로는 싫어한다.

○ **이전** 먼저 가볍게 보았다가 나중에는 두려워하니 이는 용맹해 보이지만 강하지 않은 자이니 매우 정밀하지 못한 것이다.

○ **두목** 적을 헤아리는 것이 아주 정밀하지 못하다.

○ **가림** 명령과 지침이 분명하지 않고 군사들도 정예병으로 훈련되지 않으면 이런 처지의 장군은 먼저 강한 폭력으로 군사를 처벌하는데 군사들이 엇나가면 두려워하니 가장 나약한 경우라 하겠다.

○ **매요신** 엄한 폭력을 먼저 쓰고서는 나중에 군사가 이탈할까 두려워하니 군사를 훈계하는 벌이 가장 정밀하지 못한 것이다.

○ **왕석** 적이 난폭한 행동을 먼저 하고서는 나중에 자기 군사들이 이탈할까 두려워하니 (적의) 장군 된 자가 매우 정밀하지 못하다.

○ **하씨** 관대함과 사나움은 서로 보완해 주는 관계로 장군의 일 가운데 정밀하게 해야 한다.

○ **장예** 먼저 적을 가볍게 보았다가 나중에 두려워한다. 혹은 이렇게 말한다. 먼저 아랫사람을 매서운 폭력으로 통솔하다 나중에 군사가 자신을 배반할까 두려워한다. 이는 위엄을 사용하고 사랑을 베푸는 것이 매우 정밀하지 못한 것이다. 때문에 앞 문장에서 자주 상을 주고 자주 벌을 주는 것을 가지고 말했다.

(○ **두우** 병사들에게 갑작스럽게 폭력을 먼저 쓰고서는 나중에 자신을 배반할까 두려워하는 것은 장군이 매우 정밀하지 못한 것이다.)

○ 曹操曰 : 先輕敵, 後聞其衆, 則心惡之也.

○ 李筌曰 : 先輕後畏, 是勇而無剛者, 不精之甚也.

○ 杜牧曰 : 料敵不精之甚.

○ 賈林曰 : 敎令不能分明, 士卒又非精練, 如此之將, 先欲強暴伐人, 衆悖則懼也. 至懦之極也.

○ 梅堯臣曰 : 先行乎嚴暴, 後畏其衆離, 訓罰不精之極也.

○ 王晳曰 : 敵先行刻暴, 後畏其衆離, 爲將不精之甚也.

○ 何氏曰 : 寬猛相濟, 精於將事也.

○ 張預曰 : 先輕敵, 後畏人. 或曰, 先刻暴御下, 後畏衆叛己, 是用威行愛, 不精之甚, 故上文以數賞數罰而言也.

예문 3과 4는 연속되는 문장이다. 「행군」에 속했으므로 적의 행동을 보고 무엇을 의미하는지 읽는 법을 제시한 경우다. 앞의 문장에서 적이 피폐한 증거로 벌주는 행위를 파악하는 것은 이해하겠는데 그러한 벌의 효과가 무엇일까를 두고 주석가 사이에 미묘한 차이가 보인다. 시비의 문제가 아니기에 읽기 흥미롭다.

두번째 구절은 폭력 사용의 대상을 누구로 볼 것인가가 해석을 갈라지게 한 경우다. 「행군」은 전체적으로 적의 동정에 대한 글이기 때문에 적 내부 움직임을 읽는 것으로 보아야 옳을 것이다. 왕석이 주어를 적(敵)이라고 명시한 이유도 거기에 있다. 가림에서부터 초점이 정확해지고 이후 해석이 제대로 된다. 두 문장 모두 십일가주 원문에는 두우의 주가 실려 있지 않아 해당 부분을 보충했는데(그래서 괄호를 쳤다) 두우의 주는 정확하다.

주석을 길게 인용했다. 기정의 경우 개념과 실제를 잘 파악하지 않으면 허실과 결합해 설명할 때 헷갈리기 쉽기 때문에 주석가들의 여러 의견을 다 제시했다. 토대가 마련되면 응용과 확대가 가능할 것이다.

3부

손자병법,
현실성의 사상

孫子
兵法

1장 _ 체계적인 글쓰기와 비유

『손자병법』의 뛰어난 면을 두 가지로 압축해 볼 수 있다. 첫째는 글쓰기 방식에 관한 것이며, 둘째는 비유를 어떻게 썼는가 하는 문제다.

조직적인 구성

글쓰기 방식은 매요신을 설명하는 가운데 요체가 다 나왔다. 앞서 구양수의 「손자후서」에서 인용한 매요신의 말을 보면 정연한 설명이 보인다("그[손자의] 문장이 간결하고 의미가 깊은 것, 병사를 이끌고 용병하며 적을 헤아려 승리의 기틀을 만드는 것에도 모두 법도를 갖춘 점이나, 그 언어가 매우 질서정연한 것을 나는 아낀다."). 『손자병법』을 통독하고 나면 제일 먼저 받는 인상은 중국 역사상 가장 이른 시기에 속하는 글인데도 체제가 정연하다는 느낌이다. 시기로 보면 『손자병법』보다 『논어』가 늦는데 『논어』는 말할 것도 없고 심지어 『맹자』처럼 조리 있는 글조차 책 전체를 통괄하는 일관된 흐름을 감지하기 힘들다. 하지만 『손자병법』은 잘 짜여진 장편소설처럼 뚜렷한 테마가 저류하면서 책에 조직력을 부여한다. 유기적인 글쓰기 방식은 13편의 내용을 개괄하면서 윤곽을 드러냈으므로 여기서는 흩어진 조각을 모아 정리하는 선에서 그치도록 하겠다.

13편은 각자 독립된 주제를 집중적으로 논하는데, 그러면서도 앞 편이 다음 편과 맞물려 이어지고, 앞 편의 논지를 바탕으로 다음 편이 확장된다. 첫 편이 「계」(計), 다음이 「작전」(作戰), 셋째 편이 「모공」(謀攻)인데 「계」는 「대계」(大計)라는 다른 편명으로도 불리는 사실에서 보듯 전쟁에 관련된 총괄 계획을 말한다. 여기에 전투의 구체적인 양상은 언급되지 않는다. 전체적인 기획이 성립한 다음 작전에 돌입하는데 이때 작전은 적의 심장부로 들어가기 전 야전(野戰)을 말한다. 야전에서 승리해야 적의 수도로 진격해 성(城)을 공격할 수 있다. 이때의 계획이 「모공」(謀攻)에 해당한다. 각 단계를 설정하고 그다음 단계로 넘어가는 방식이다. 앞의 임무를 성공하지 못하면 다음 단계는 존재할 수 없으며 뒷 단계는 앞의 일과 연계되어 진행된다. 13편이 이렇게 논리적으로 연결되고 필연성을 띠었기 때문에 독자는 좀 더 어려운 임무와 상황으로 업그레이드되기에 긴장할 수밖에 없다.

구체적인 개별 전투와 실제 전쟁이 전부는 아니다. 군사운용에서 적과 지형에 적응하고 이용하며 역습하거나 비상사태에 대비하는 문제를 고려해야 하는데 이 까다로운 문제는 「형」(形)·「세」(勢)·「허실」(虛實) 등에서 다뤄진다. 형·세·허실은 개념이지만 경험에서 추출된 개념이기 때문에 현실과 접점이 넓다. 응용력이 커서 이를 완벽하게 장악할 때 군사운용은 현실에서 위력을 발휘한다. 이에 이어 지리가 언급되는데 현실 전투와 개념의 토대 위에 설명하기 때문에 군사지리의 설득력과 효용은 크다.

손자의 마지막 두 편은 「화공」(火攻)과 「용간」(用間)이다. 두 편은 독립된 글로 봐도 무방하지만 「화공」은 어떤 전투에도 쓸 수 있는 범용성(凡用性)이 강하기 때문에 승리를 위한 구체적인 방법의 하나로 읽을 수 있어 병법에서 떼어 놓을 수 없다. 「용간」의 경우, 크게는 「계」와 관련되고 작게는 화공을 쓸 때 내부에서 교란 역할을 하기도 하며 통상적으로 정보수집 임무를 띠기 때문에 병법의 각 부분과 연결되지 않는 곳이 없다. 얼핏 유기적인 관련이 없어 보이지만 상호연관성이 병법 전반에 실핏줄처럼 깔려 있다고 판단해야 할 것이다.

강조하지만 이른 시기에 『손자병법』과 같은 조직적인 글쓰기가 나왔다는 사실은 그 자체로 놀라운 일이며, 후대에 발전된 글쓰기의 관점에서 보더라도 여전히 배울 가치가 있다.

손자의 비유

손자의 비유에 대해서도 비슷한 말을 할 수 있다. 손자의 비유는 특별하기 때문에 주목해야 한다. 문장을 보자.

> 승리하는 사람이 백성을 써서 전쟁을 하는 것은 천 길 되는 계곡에 모아 두었던 물을 터뜨리는 것과 같다. 이것이 형이다.(「형」)
>
> 勝者之戰民也, 若決積水於千仞之谿者, 形也.

통상적인 의미에서 비유는 주된 생각을 표현한 다음 생각에 윤기를 더해 이해하기 편하도록 보조하는 역할이다. 수단으로 사용되는 경우다. 이와 다르게 자신의 생각이 비유로 표현되는 경우는 시에서 곧잘 볼 수 있다. 손자는 시에서 사용하는 방식으로 비유를 쓴다. 그는 보조관념으로 비유를 끌어오지 않는다. 위의 인용문은 계곡에 물을 모아 두었다가 터뜨린다는 말이 핵심이다. 형(形)이라는 까다로운 개념을 설명하면서 비유로 전체를 마무리하는 대담함. 이 비유가 빼어난 까닭은 형과 세(勢)가 고정된 실체가 아니라는 점을 강조하기 위해 형과 세를 하나로 설명하고, 이어지는 「세」 편을 준비했기 때문이다. 손자는 "결적수"(決積水)라고 했다. "모아둔 물"[積水]을 "터뜨린다"[決]고 했는데 "모아둔 물"[積水]이 형(形)이면서 세를 준비하며(situation) "터뜨린"[決] 경우 세(force)로 바뀐다. 평지에 모아서는 아무 의미가 없다. 천길 낭떠러지에 모아 두어야 그 형이 두려움을 주며 세로 변했을 때 아무도 감당하지 못한다. 형이라 말하고서 세까지 포괄해 언급했으니 독자가 고개를 갸웃할 수도 있겠다. 형에 강조점을 둔다면 저장[積水]만을 말해야 옳지 않을까 하면서. 이런 지적은 반만 옳다. 형은 세를 위한 것이고 세는 형이 없이 존재할 수 없기 때문에 저장만을 말한다면 한쪽에 치우친 서술에 그치고 만다. 손자의 비유는 형세를 함께 선명하게 이미지화하면서 심오함까지 전달했다. 손자의 비유는 역동적이다. 다른 경우를 보자.

> 거센 물이 빠르게 흘러 돌을 떠내려가도록 하는 것이 세다. 사나운 새가 먹이를 상처 내고 낚아채는 것이 절도[節]다. [⋯] 세는 시위를 당긴 쇠뇌와 같고 절도는 방아쇠를 당긴 것과 같다.(「세」勢)
>
> 激水之疾, 至於漂石者, 勢也. 鷙鳥之疾, 至於毁折者, 節也 [⋯]

勢如彍弩, 節如發機.

쇠뇌(발사장치가 달린 활의 일종)를 쏘는 것에 빗대 세를 설명한 구절이다. 앞에서 저장한 물을 터트린다고 했는데 그 연장선에서 이해할 수 있다. 그 기세를 쇠뇌 쏘기로 강화한다. 팽팽하게 당겨져 고정된 시위, 발사되는 화살. 기세와 발사의 역동성으로 서로 연결된다. 물의 기세가 화살의 빠르기로 변하면서 글은 활력과 세기[强度]를 얻었다. 상승하는 비유.

유명한 비유를 하나 더 들어 보자.

빠르기는 바람과 같고, 느리기는 숲과 같으며, 침략은 불과 같고, 움직이지 않는 것은 산과 같고, 알기 어렵기는 그늘과 같고, 움직임은 우레와 같다.(「군쟁」軍爭)

其疾如風, 其徐如林, 侵掠如火, 不動如山, 難知如陰, 動如雷震.

앞에서 전체 편(篇)을 소개할 때 얼굴을 비쳤던 문장이다. 앞에서는 빠르기가 바람과 같다는 말에서 멈췄지만 문장은 비유로 계속 이어진다. 비유가 탁월해 널리 알려진 글귀 가운데 하나다. 군사행동은 속임수로 성립한다는 원관념을 부연한 글인데 비유가 강렬한 인상을 남겨 원관념을 잊을 정도로 시적이다. 일본 전국시대(戰國時代)의 명장 다케다 신겐이 이 문장을 좋아해 풍·림·화·산(風林火山) 네 글자를 자신 휘하 군대의 깃발에 썼다는 이야기는 유명하다. 인용한 문장은 비유 대상으로 쓴 자연물과 원관념 사이가 한 몸처럼 얽혀 직관적으로 이해된다는 강점이 있다. 잘 쓴 비유에서만 느낄 수 있는 쾌감이다. 바람이며 산이며 숲이며 그늘 같은 사물의 속성과 특장을 날카롭게 드러내면서 원관념에 밀착시켰다. 이 경지에 이르게 되면 비유로만 된 글인데도 비유인지 알지 못할 지경이다.

마지막으로 볼 문장이다.

> 처음에는 처녀와 같이 [행동하여] 적이 문을 열도록 하고 나중에는 달아나는 토끼와 같이 [빠르게 움직여] 적이 막을 수 없게 한다.(「구지」)
>
> 始如處女, 敵人開戶 ; 後如脫兎, 敵不及拒.

「구지」의 결론 부분에서 가져온 말이다. 결론 부분은 운문으로 씌어졌다. 인용한 문장에서 호(戶)와 거(拒)는 운을 맞춘 것으로 어(魚) 부에 속하는 운을 쓴 것이다. 인용문이 재미있는 까닭은 처녀가 어떻다는 건지 언급하지 않아도 이해할 수 있다는 데 있다. 토끼는 날렵하게 움직여 들이친다는 뉘앙스를 바로 느낄 수 있는데 처녀는 이와 반대로 조용하게 얌전히 움직인다는 이미지를 품고 있다. 처녀와 토끼라는 다른 비유를 군사동작에 적용했다. 기발하다.

정리하자면, 손자의 비유 사용은 대부분 편의 마지막에 보인다. 시처럼 사용하는 구문 자체도 그러하고 비유하는 대상과 혼연일체가 된다는 점에서 볼 때 수사법으로만 치부할 수 없다. 효과나 설득을 위해 의식적으로 동원하는 장치가 아니다. 가장 중요한 사상을 설명할 때 비유를 동원하는 것을 보면 비유는 글쓰기의 핵심인 것 같다. 있으면 멋있고 매끄럽지만 없어도 되는 보조도구가 아니다. 반드시 비유여야 글이 된다. 자연스럽게 몸에 밴, 의식적으로 쓰지 않는 글쓰기의 힘 같다. 중국의, 나아가 동양의 고전 글쓰기에 비유가 본질적인 요소로 작동하는 이유 가운데 하나는 고전을 읽는 독자들이 비유의 근원적인 힘을 체득해 반복하기 때문이 아닐까.

비유가 글쓰기의 본질임을 간파해 후대 문인들에게 지대한 영향을 끼친 사람이 장자다. 장자적 글쓰기는 비유의 글쓰기라고 해도 지나치지 않다. 만물일체라는 고도의 추상적인 사상을 호접몽을 통해 설명한다. 나비 비유는 그 자체로 주제가 된다. 나비를 빼면 글 전체가 무너진다. 비유 없는 장자의 글을 상상할 수 없는 것은 이런 이유에서다. 장자의 비유는 글의 본질이다. 장자가 없었다면 후대의 문학은 얼마나 메말랐을까. 그런데 그 원조가 손자다.

2장 _ 유동하는 개념

개념들

“삼군의 많은 군대가 반드시 적의 공격을 받게 되더라도 패하지 않는 것은 기정(奇正), 이것 때문이다”[三軍之衆, 可使必受敵而無敗者, 奇正是也]라는 「세」의 글에 대해 장예는 이렇게 설명했다. 기정은 “서로 변하며 순환한다”[相變循環]. 장예의 정의는 기정을 정확히 포착했다. 비유를 거론할 때 형세를 설명하며 환기했던 말이다. 형세는 상보적이어서 배치(背馳)되는 개념으로 혹은 실체로 고정된 개념으로 이해해서는 안 된다고. 기정도 마찬가지다. 장예가 서로 변하며 순환한다고 한 것은 손자가 쓰는 모든 개념이 고정된 실체로 각자 자기 의미망 안에서 거처한다는 뜻이 아님을 지적한 것이다. 손자는 전쟁이라는 우연과 예측불허를 누구보다 잘 이해했기 때문에 준비가 철저하다 해도 갑자기 닥치는 상황에 따라 역동적으로 대응할 수 있는 개념을 생각했고 그게 효율적이라고 확신했다. 그 현실대응성을 '개념의 유동성'이라 부를 수 있다.

개념의 유동성을 손자가 창안했는지 여부는 중요하지 않다. 『손자병법』을 읽었을 때 개념의 유동성이란 사고를 자연스레 추출해 낼 수 있다는 점이 핵심이다. 유동성이란 개념은 유용하다. 의미문자의 성격이 강한 한자의 특징에서 진화한 것이겠지만 무엇보다 현실과 고투하며 얻은 개념이라 소중하다. 추측건대 후대의 사상과 개념을 논하면서 개념의 유동성을 고려하지 않으면 이념적인 글을 읽을 때 미로에서 헤매기 십상이다. 유동성은 현실과 상관된다는 공시적인 의미이기도 하지만 통시성을 띠기 때문에 역사적 맥락을 반드시 감안해야 한다. 후대에 갈수록 더욱 그러하다. 손자의 공적은 개념의 유동성을 선명하게 보여 주고 구체화한 것에 있다. 후대에 끼친 영향력 역시 컸다.

형(形)

주요 개념을 살펴보면서 유동성을 익혀 보자. 형세라는 말은 원래 지리 개념에서 쓰는 말이다. 형세는 지리를 이용해 싸우는 군대의 진형과 결합해 기세라는 개념으로 전용된다. 형과 세는 고정된 말이 아님은 비유에서 설명했으므로 다른 쓰임을 보자.

형(形)은 형명(形名=刑名)이란 말로 널리 알려졌다. 형명은 법가에 의해 널리 알려지고 정착한다. 형명은 한비자가 사용한 주요 개념으로 통치자가 신하를 다스리는 핵심 방법 가운데 하나로 이해할 수 있다. 한비자는 이전에 쓰였던 형명이란 개념을 정밀하게 다듬어 자신의 것으로 심화시켰는데, 손자가 형의 최초 사용자이고 형세의 개념과 관련이 깊어 형명으로 뻗어 나가는 저수지 역할을 했다. 이 형명은 고대의 논리학자들, 명가(名家)와도 연결된다. 명가의 중요한 공헌은 명사(개념, 名)와 대상(지시 대상, 形) 사이에 일치관계를 의심하면서 당연하다고 여기는 전제를 회의해, 지시하는 말과 지시되는 대상 사이의 관계를 재검토하도록 했다는 데 있다. 언어 자체로 관심을 심화시킨 중요한 공헌이다.

명가의 영향은 커서 『장자』도 깊은 이해를 보여 주며(「천하」 편) 『순자』도 곳곳에서 비판적으로 언급한다(예컨대 「비십이자」 편에서 묵적墨翟과 송견宋鈃, 신도愼倒와 전변田騈을 비판하는데 전자는 논리학자로서, 후자는 법가로서 비판의 초점이 놓이지만 두 부류는 모두 언어와 관계가 있다는 점에서 형명과 분리되지 않는다). 특히 「정명」에서 정면으로 다룬다. 『장자』 「천도」에, "옛글에 '형이 있고 명이 있다'라고 했는데 형명이란 것은 옛사람에게도 있었지만 통치의 우선으로 삼았던 것은 아니다"[書曰 : '有形有名', 形名者, 古人有之, 而非所以先也]라는 글이 보인다. 이때 쓰인 형명은 한비자가 쓴 말과 비슷하다. 실제[形]가 있고 그에 맞는 명칭[名]이 있으면 형명(=명실名實)이 일치하도록 해 어긋나는 부분이 있는지 따져 본다는 말이다. 실제에 적용하면 신하가 자신의 실질(지위)에 걸맞게 임무를 시행했는가를 결정해 그 결과에 따라 상벌을 내린다(신상필벌)는 의미로 쓰였다. 형명이 통치술로 변했지만 손자가 썼던 의미, 눈에 보이고 실제 알 수 있는 대상이 상황과 만나 변한다는 함의는 여전히 간직하고 있다. 이는 명가에서도 마찬가지였다. 한비자는 이런 선례를 모두 종합해 정교하게 다듬었던 것이다.

세(勢)

세(勢)도 형(形)과 다르지 않다. 세도 한비자가 강화시킨 개념으로 「난세」(難勢) 편을 따로 독립시켜, 세(勢)를 두고 논란을 벌이며[難] 자신의 개념으로 만드는 과정을 예리한 문장으로 표현했다. 한비자의 세는 법(法)이나 형명, 상벌과 유기적으로 작동하는 개념으로, 세 자체만을 문제로 삼았던 신도(愼倒)의 세계에서 더 진전된 사고였다. 한비자 역시 세를 고정된 실체로 보지 않고 법가에서 특화한 주요개념과 유동성을 바탕으로 결합시킨 점이 중요하다. 권력의 물리적 힘, 혹은 물리적 힘의 강도라는 측면이 강한 세를 임금의 통치론과 결부시켜 세를 다르게 사고할 수 있었다. 이렇듯 손자가 중요하게 다룬 개념은 후대 제자백가 사이로 스며들어 변하고 확장된다.

기정(奇正)

세(勢)는 기정(奇正)과도 이어진다. 기(奇)는 의외성으로 정의할 수 있다. 기는 상대방의 심리적 요인까지 감안해 행동하는 것을 포함한다. 역동적인 움직임이자 적이 절대 알 수 없는 의외성이기 때문에 기의 응용과 개념 활용은 넓다.

> 전쟁의 형세는 기와 정에 지나지 않지만 기정의 변화는 그 끝을 알 수 없다. 기와 정이 상생하는 것은 마치 순환에 끝이 없는 것과 같으니 누가 다할 수 있겠는가.(「세」)
> 戰勢不過奇正, 奇正之變, 不可勝窮也. 奇正相生, 如循環之無端, 孰能窮之.

기(奇)와 정(正). 간단해 보이는 말이다. 손자는 그렇지 않다고 했다. 기와 정이 순환 변화하는 것은 끝이 없어서 그 누구도 다 응용하거나 사용할 수 없다고 단언한다. 전투에서 벌어지는 의외성을 누가 다 통제하고 완벽하게 실행할 수 있겠는가. 상황에 맞게 기와 정을 써야 한다. 정은 어느 순간 기가 되며 한 상황에 맞았던 기가 다른 상황에서는 전혀 통하지 않는다. 정도 마찬가지다. 정으로 일관해서도, 한결같이 기만 써도 안 된다. 기는 기발함을 위주로 하기에 쓰임새가 높아 사람들이 선호하지만(게릴라전을 생각해 보라) 정이 뒷받침되지 않으면 기는 무용지물이다. 『노자』에도, "정으로 나라를 다스리고 기로 군사를 부린다"[以正治國, 以奇用兵 / 57장]라고 했으니 기정의 개념은 이미 널리 알려진 것인데 정을 치국에, 기를 군사에 적용시킨 점이 눈길을 끈다. 군사 부문에서는 기가 주요 토픽이었음을 감지할 수 있다. 기정은 고정된 개념쌍이 아니다. 노자 역시 기정을 상대적인 개념으로 썼다. 어느 대상에 어느 것이 위주인지를 대상을 들어 말한 것이다. 정이 기본이긴 하나 기로 응용되지 않으면 정은 정체되어 활동성을 잃어버린다. 기와 정은 설명을 위해 잠시 붙잡아 본 명칭일 뿐 끝없이 유동한다.

인용한 손자의 글만 보면 추상도가 높아 이해하기 어려워 보이지만 손자는 이 문장 앞에 오색(五色)과 오미(五味)를 예로 들었기 때문에 본문 전체를 읽으면 추상성이 느껴지지 않는다. 손자는 글쓰기조차 추상성과 구체성이 유동하는 것 같다. 묘한 글쓰기 기술이다.

유동성

어지러움은 잘 다스림에서 생기고 겁은 용감함에서 생기며 약함은 강함에서 생긴다. 어지러움과 다스림은 수(數)이며 용감함과 겁은 세(勢)이며 강함과 약함은 형(形)이다. 그러므로 적을 잘 움직이는 자는 형을 보여 주면 적이 반드시 따르며, 좋은 곳을 주면 적이 반드시 취한다. [...] 그러므로 전쟁을 잘하는 사람은 세에서 이기기를 구하지 사람에게서 구하지 않는다. 때문에 사람을 버리고 세에 맡긴다.(「세」)

亂生於治, 怯生於勇, 弱生於彊. 治亂. 數也. 勇怯, 勢也. 强弱, 形也. 故善動敵者, 形之, 敵必從之; 予之, 敵必取之 [···] 故善戰者, 求之於勢, 不責於人, 故能擇(=釋)人而任勢.

수(數)라고 한 것은 분수(分數)를 말하는 것으로 군대의 조직과 편제를 말한다. 군대의 조직체계와 운용에 따라 치란(治亂)이 생긴다는 말이다. 용감함과 겁은 인위적인 세에 따라 결정된다는 말이며 강약의 문제는 형의 측면에서 이해할 수 있다. 여기서 거론한 치란(治亂)·용겁(勇怯)·강약(强弱) 역시 고정된 모습이 아니라 유동적임을 알 수 있는데 수나 형, 혹은 세에 따라 변하기 때문이다. 손자는 세의 유동성을 강조했다. 『노자』에 "(상대를) 약하게 하고 싶으면 반드시 강하게 해주어라. 없애 버리고 싶으면 반드시 흥하게 해주어라. 빼앗고 싶으면 반드시 주어라"[將欲弱之, 必固强之, 將欲廢之, 必固興之, 將欲奪之, 必固與之 / 36장]라고 했다. 노자는 강약·흥폐·여탈이라는 상반되는 말을 역설적으로 썼는데 이 역시 두 상반되는 개념이 고정된 상태가 아니라 유동적이기 때문에 이렇게 사용할 수 있었다. 여기에서도 저변에는 세(勢)의 변화에 대한 생각이 깔려 있지 않았을까 싶다.

> 전쟁에서 승리한 방법은 다시 쓸 수 없으니 형에 대응하는 것이 무궁해야 한다.(「허실」)
>
> 其戰勝不復, 而應形於無窮.

이 구절에 대한 여러 주 가운데 세 사람의 주가 의미를 잘 설명했다. 조조는 "같은 것을 되풀이해서 움직이지 않고 상황에 맞게 대응하는 것이다"[不重復動而應之也]라고 했다. 이전은 "이전에 썼던 계책을 다시 써서 승리를 얻지 않고 합당한 것에 따라 변화를 만드는 것이다"[不復前謀以取勝, 隨宜制變也]라 했고, 장예는 "승리한 다음에는 이전에 썼던 계책은 다시 쓰지 않는다. 다만 적의 형태에 따라 대응해 기발함을 내놓는 것이 무궁하다"[已勝之後, 不復更用前謀, 但隨敵之形而應之, 出奇無窮也]라고 했다. 대동소이한 해설이지만 공통점은 반드시 상대를 염두에 두고 그에 맞게 움직이라는 것이지, 고정된 실체로 여겨 그에 따라 방법을 쓰라는 말이 아니다. 유동성이 핵심이다.

『전쟁과 평화』에서의 기와 정

다른 방식으로 설명해 보자. 기정 혹은 허실이란 개념으로 톨스토이의 걸작 『전쟁과 평화』를 다뤄 볼 수 있을 것이다. 톨스토이의 이 거대한 작품은 나폴레옹의 러시아 침입을 주요 테마로 다룬다. 나폴레옹의 러시아 측 상대자는 쿠투조프(Mikhail Kutuzov)라는 노장(老將). 나폴레옹을 상대하는 그의 전술이 흥미롭다.

나폴레옹은 역사상 유명한 인물이기에 더 보탤 것은 없다. 전사(戰史)에서 보더라도 유례를 찾아볼 수 없는 천재이기에 유럽 전쟁을 이전의 역사와는 완전히 다른 양상으로 만들었다. 나폴레옹이 천재인 까닭은 전쟁을 혁신한 공로에 있다. 나폴레옹 때까지의 전투가 주로 중요한 지점을 두고 상대방과 대치해 포격을 가하고 피해를 입힌 다음 주요 병력을 투입하는 형태였다. 정규군 중심의 방식[正]. 나폴레옹 스타일은 전혀 달랐다. 거칠게 요약하면 이렇다. 그는 기마병을 최

대한 활용해 기동전의 중요성을 극대화했다. 속전속결 형태. 병참이 문제가 되는데 현지조달형으로 해결했다. 전례 없는 방식이었다.

나폴레옹의 전략을 개념화하면 이렇다. 이전의 군사운용 방식이 정(正)을 고정 형태로 두고 그에 따라 움직였다면 나폴레옹은 기발함[奇]으로 응전했던 것. 나폴레옹의 전략은 적수가 없었다. 일정한 형태가 없으니 상대는 당황할밖에. 상대를 보고 자신의 방식을 고안하는 완전히 낯선 전쟁방식이었고 결과는 파죽지세 그 자체였다. 그 드라마틱한 예가 1805년 나폴레옹의 오스트리아 점령전. 오스트리아 군 수뇌부는 사령부에 모여 전략을 짜면서 나폴레옹을 패배시키고 사로잡는 계획을 작성한다. 서류상으론 완벽했다. 그때는 이미 오스트리아의 맥 장군(General Mack)이 전군(全軍)을 이끌고 나폴레옹에게 항복했는데도 말이다. 나폴레옹이 사용하는 기(奇) 전술은 아무도 당해 낼 수 없었다. 러시아를 상대하기 전까지는.

놀라운 것은 나폴레옹이 러시아를 상대하면서 그의 전매특허 전술이 오히려 정(正)으로 변했다는 것. 유럽 대륙에서 정(正)들을 상대할 때는 기(奇) 자체였던 것이 러시아로 들어오면서 정으로 변했다. 나폴레옹은 그걸 인식하지 못했다. 그렇다면 러시아 군대는 정(正)이었던가. 정이라는 말을 쓰기가 무색할 만큼 러시아 군대는 후진적이어서 아무것도 아니었다고 말하는 게 올바른 표현일 것이다. 헌데 쿠투조프 장군은 이 오합지졸을 이용해 기(奇)가 되는 전법을 펼친다. 러시아의 광대한 지형을 이용한 것. 나폴레옹의 러시아 전쟁은 지형이 가장 중요한 요소였다. 최초의 대규모 접전이 벌어진 보로디노(Borodino) 공방전은 애초에 계획했던 지점으로 양군이 집결하지 못하고 다른 자리에 진영을 치고 벌어진다. 지형 미숙. 지도가 지형을 결정하는 것이 아니라 지형이 지도를 만드는 것이다. 나폴레옹은 유럽 전선과는 다르게 정규전을 펼친다. 겉보기에 프랑스군의 승리다.

눈에 보이는 것을 묘사하는 데 톨스토이의 오른쪽에 나설 작가는 없을 것이다. 전투의 전체 조망과 개별 고지의 전투양상을 총체와 구체로 묘사하는 톨스토이의 필력은 명불허전이다. 톨스토이는 나폴레옹의 정(正)이 승리하는 장면을 그린다. 그런데 이게 족쇄가 된다. 러시아군은 무너지지 않았고 나폴레옹은 정(正)을 고집한다. 기(奇)를 쓰려야 쓸 수도 없었다. 광대한 지역에서 기동전은 위력을 발휘할 수 없었다. 여러 나라가 다닥다닥 붙은 유럽과 러시아는 비교할 수 없었던 것. 근대전이라고 예외는 아니었다.

다른 말로 하면 나폴레옹은 실(實) 그 자체로 러시아에 육박해 들어왔는데 쿠투조프는 허(虛)로 받았고 이 허(虛)는 나폴레옹을 집어삼킨다. 기정과 허실이 맞물리고 변화하면서 순환하고 뒤집히는 광경은 손자식으로 『전쟁과 평화』를 읽는 재미라 하겠다. 나폴레옹이 모스크바에서 퇴각할 때 러시아군은 반격에 나서는데 결정적인 한 방을 먹이지 못한다. 어째서인가. 이때는 허가 실로 변하지 못했다. 나폴레옹군 공략에 실패하는 러시아군의 난맥상을 읽노라면 절로 한숨이 나오는데 허가 실로, 실이 허로 변하는 게 쉽게 않다는 걸 실감한다. 러시아군의 경우에도 나폴레옹이 기에서 정으로 변했다가 다시 기로 기민하게 변하기 어려웠던 경우를 떠오르게 한다. 『손자병법』을 읽고 난 다음 『전쟁과 평화』에서 두 나라의 전쟁을 읽게 되면 나폴레옹을 정(正)이자 실(實), 러시아는 기(奇)이자 허(虛)로 읽을 수밖에 없게 된다.

손자의 변증법

유동성이란 말로 설명했으나 좀 더 정확한 표현으로는 변증법적 사고라고 해야 옳을 것이다. 변증법이라 하면 으레 헤겔이나 마르크스를 떠올리고 서양 근대철학의 어떤 아우라를 연상하기 쉽다. 일반적인 견해이긴 하지만 거기서 더 나아갈 필요가 있을 것 같다. 변증법이란 서구에서 발명한 특별한 논리학이 아니라 인간의 보편적인 사고방식 가운데 하나라는 점을 인식해야 한다. 고대 그리스에서 펼쳐졌던 사유 가운데 하나가 변증법의 방법으로 논리를 구사하는 것이었고 소크라테스가 능숙하게 썼음은 널리 알려졌다.

손자는 적이라는 상대방, 지형이라는 변동하는 조건과 끊임없이 교섭하고 영향을 받으면서 또 다른 방향으로 나아가는 사유를 형성하고 발전시켰다. 손자를 주목해야 하는 이유 가운데 하나가 관념 속에서 만든 논리가 아니라 현실과 쉼 없이 부닥치면서 자기 사유를 벼렸다는 데 있다. 사마천의 기록에 따르면 손자는 오나라의 병력을 이끌고 초나라를 공략해 초나라를 멸망 직전까지 몰고 갔다. 이는 손자의 이론이 현실적인 적합성을 지녔음을 역사가 증명한 것이다. 『손자병법』을 두고 두목이 「주손자서」(注孫子序)에서, “손자가 지은 것은 13편으로 손무가 세상을 떠난 뒤 천 년 동안 병사를 거느린 자 가운데 성공한 사람도 있고 실패한 사람도 있다. 그들의 사적을 살펴보면 모두 손무가 지은 책과 하나하나 다 들어맞아 도장틀 안에서 글씨본에 따라 도장을 새기는 것과 같이 하나도 어긋나는 것이 없다”[其孫武所著十三篇, 自武死後凡天歲, 將兵者有成者, 有敗者, 勘其事跡, 皆與武所著書一一相抵當, 猶印圈模刻, 一不差跌]라고 평한 것은 뻔한 찬사로 읽을 수 없다. 두목은 현실적합성을 높이 산 것이다.

손자의 변증법은 '경험 변증법'이라 이름할 수 있는 것으로 독일 관념론에서 정점에 이른 관념 변증법과는 다른 종류다. 손자의 경험 변증법이 훗날 중국적 사유의 주요한 부분을 이룬다는 점을 잊어서는 안 된다. 중국사상사를 연구하는 사람들은 손자의 업적 가운데 변증법적 사고를 높이 평가하는데, 근거가 충분한 판단이다.

3장 _ 손자와 노자

청나라 말의 유명한 학자 위원(魏源)은 「손자집주서」(孫子集注序)에서 말했다.

> 『주역』(周易)은 병법을 말한 글인가? (「문언전」文言傳에서 건괘乾卦의 상구효上九爻를 풀이하면서) "항(亢=끝極, 혹은 오만함)이란 말은 나아갈 줄만 알고 물러설 줄 모르며, 보존하는 것만 알고 망하는 것은 모르며, 얻는 것만 알고 잃는 것은 모르는 것이다. 이 때문에 움직이면 후회한다." 나는 이 말에서 병법의 실상[情]을 본다. 『노자』(老子)는 병법을 말한 글인가? "천하에 물보다 부드럽고 약한 것은 없다. 그러나 견고한 것을 공격하는 데 물보다 앞서는 것은 없다." 나는 이 말에서 병법의 모습[形]을 본다. 『손자병법』은 병법을 말한 글인가? "백 번 싸워 백 번 이긴 것은 훌륭한 일 가운데 가장 훌륭한 일이 아니다. 싸우지 않고 적병을 굴복시키는 것이

훌륭한 일 가운데 가장 훌륭한 일이다. 그러므로 용병을 잘 하는 사람은 지혜롭다는 명성이 없으며 용맹스런 공적이 없다." 나는 이 말에서 병법의 정수[精]를 본다. 그러므로 경전에서의 『주역』, 제자백가에서의 『노자』, 병가에서의 『손자병법』에 대해 말한다면, 그들의 도는 모두 세상의 존재를 포괄하고, 그들의 마음은 모두 우주를 비추며, 그들의 기술은 하늘과 인간을 합치며 항상성과 변화를 종합한다.

『易』, 其言兵之書乎? "亢之爲言也, 知進而不知退, 知存而不知亡, 知得而不知喪, 所以動而有悔也", 吾於斯見兵之情. 『老子』, 其言兵之書乎? "天下莫柔弱於水, 而攻堅者莫之能先", 吾於斯見兵之形. 孫武, 其言兵之書乎? "百戰百勝, 非善之善者也 ; 不戰而屈人之兵, 善之善者也. 故善用兵者, 無智名, 無勇功", 吾於斯見兵之精. 故夫經之易也, 子之老也, 兵家之孫也, 其道皆冒萬有, 其心皆照宇宙, 其術皆合天人綜常變者也.

청나라 말, 위기가 닥쳐오면서 전통적인 글읽기에서 벗어나 부국강병을 목표로 간절하게 고전을 읽는 선비의 모습이 역력하다. 『주역』에서 병법이나 군사의 유래를 끌어와 오랜 역사를 말하는 방식은 익히 봤던 일. 그러나 『주역』 자체를 병법의 고갱이를 설명한 글로 읽는 식견은 전례가 없다. 『노자』에는 병법에 관한 많은 글이 실려 있다. 병법에서 직접 인용한 글도 보인다. 국가 통치에 전쟁은 피할 수 없는 일이었기에 전쟁을 사고하지 않는 건 말이 안 되기 때문이다. 『손자병법』은 두말이 필요치 않다. 『손자병법』을 병법의 정수라고 한 데서 위원의 목적의식이 뚜렷이 드러나지만(결국 그는 이 서문만 남긴 채 『손자병법』 주석서를 쓰지 못했다) 『주역』이라는 경전과 『노자』를 불러와 『손자병법』과 연결고리를 만든 발상은 고전의 빼어난 글과 정확히 상응한다.

여기서 주목할 부분은 노자와 손자의 상관관계다. 노자와 손자의 관련은 오래전부터 전해져 온 익숙한 생각이다. 『노자』에 대한 설익은 독법이 평화사상으로만 알려지면서 반전(反戰)사상을 주로 언급하지만 노자가 전쟁에 깊은 식견을 가졌음을 간과해서는 안 된다. 『노자』 76장에, "군대가 강하면 승리하지 못한다"[兵强則不勝]라고 했다. 군대가 강하면 일시적으로 승리할 수는 있다. 그러나 강병으로만 세상을 다스릴 수는 없다. 무력으로는 진정한 승리를 부를 수 없는 법이다. 이 말은 싸우지 않고 굴복시킨다는 말의 다른 표현으로 봐도 무방할 것이다. 『노자』 69장을 보자.

> 용병에 이런 말이 있다. "나는 감히 주인이 되지 않고 손님이 될 것이며 나는 한 치를 전진하지 않고 한 자를 물러설 것이

다." 이를 진 없는 진을 펼치고* 팔 없는 팔을 걷어붙이고 무기 없는 무기를 잡는다고 한다. 이러면 무적이 될 것이다.

用兵有言: "吾不敢爲主而爲客, 不敢進寸而退尺." 是謂行無行, 攘無臂, 扔無敵, 執無兵.**

주인과 손님[主客]은 『손자병법』「행군」에서 이미 본 단어다. 주인이란 적지에서 싸울 때 나를 기준으로 적을 말한다. 나는 객이다. 거꾸로 적이 내게 쳐들어올 경우 내가 주인이고 적이 객이다. 노자는 외부인이 침입하더라도 방어하는 자리에 설 것이며 남을 침략하지 않겠다는 의미다. 전쟁 상황을 감안하면 적이 침략했을 때 내가 오히려 객이 되겠다는 말이니 수동적이다. 수동성이 적을 이긴다니 노자다운 발상이다. 노자다운 역설로 가득한 문장이지만 형(形)보다 세(勢)를, 즉 드러내기[形]보다 감추는[勢] 술법임을 감지한다면 손자와 거리가 멀지 않다는 것을 눈치챌 것이다.

옛사람들도 다르지 않아 노자와 손자의 관계를 구체화하기도 했다. 『노자병서』(老子兵書)라는 책이 있다. 당나라 때

* '진 없는 진을 펼치고'[行無行]에서 행(行)은 '진을 치다'[行陣]라는 말이다.

** 병기한 원문은 왕필본이다. 백서본에는 "用兵有言 : '吾不敢爲主而爲客, 吾不進寸而退尺'. 是謂行无行, 攘无臂, 執无兵, 乃无敵矣"로 되어 있는데 마지막 두 문장은 도치된 백서본이 의미상 더 낫기에 해석도 백서본을 따랐다.

위징(魏徵) 등이 편찬한 『수서』(隋書)에는 「경적지」(經籍志)라는 비중이 큰 도서목록이 실려 있다. '자부(子部=제자백가) 병가(兵家)'에는 총 133부 512권의 목록이 정리돼 있다. 병가의 책이 133종이라니 놀랍다. 여기에는 바둑[碁]에 대한 책도 기록하기는 했으나, 위진남북조시대에 도가가 성행하면서 병가와 결합한 양상을 확인할 수 있다. 위징은 "군사는 폭력을 금지하고 난리를 평정하는 방법이다"[兵者, 所以禁暴靜亂者也]라고 간단하게 정리했다. 이 병가 가운데 한 책이 『노자병서』 1권이다. 제목만 존재하는 이 책은 이른 시기에 손자와 노자의 공통점을 파악하고 둘을 결합시킨 증거로 볼 수 있다.

손자와 노자는 가깝다. 그것은 손자에서 노자로 이어지는 사상계보를 그릴 수 있는 토대를 상상하게 한다. 사상사를 새로 읽을 수 있는 매력적인 테마가 아닐 수 없다. 손자가 단순히 군사운용 방법을 서술한 책이 아님을 증명한다고 하겠다.

마치며

마지막으로 『손자병법』의 의의를 적는 것으로 글을 맺고자 한다. 손자가 뛰어난 까닭은 다른 차원의 사고를 한다는 것으로 요약할 수 있다. 손자 이후 제자백가의 사상을 당위(當爲)의 언어로 묶을 수 있다면 손자는 현실의 언어라는 점에서 구별된다. 유가와 비교할 때 차이는 선명하다. 전쟁을 정치의 한 부분으로 보고 국가대사(大事)로 인식한 점에서 이견은 보이지 않는다. 하지만 손자는 국가대사이므로 반드시 이겨야 한다는 목표를 세운다. 이기기 위한 수단으로 사기·속임수[詐]도 불사하며, 적을 속이는 가장 좋은 방법으로 이익[利]으로 상대를 유인하는 것을 말한다. 적지에서 싸우는 것을 선호하기에 우리 병사가 살아남기 위해선 약탈도 꺼리지 않는다. 실제 전투에 대해서만 말하지 않는다. 적을 알기 위해선 간첩을 써서 정보를 수집해야 하며 이때 어둠의 경로에서 패를 버리는 희생도 감수할 줄 알아야 한다. 속이는 일은 적에게만 해당하지 않는다. 죽기를 각오하고 싸우기 위해선 우리 병사들을 속여 목숨을 바치도록 만들어야 한다. 여기엔 병사들이 목숨 걸고 싸우도록 하기 위해선 병사를 아끼고 사랑해야 한다는 역설까지 숨어 있다. 천지를 알아야 하지만 이 역시 승리를 위한 계책의 일환이지 하늘의 뜻에 따라 도덕적으로 살기 위해서가 아니다.

손자의 사고 안에 도덕이나 윤리는 들어와 있지 않다. 유가가 보기에 속임수는 정직과 반대이며 어둠 속의 작업은 마음속에 티끌만 한 사악함도 용서치 않는 태도와 상반되며 약탈 같은 행동은 유가에서 말하는 왕자(王者)의 군대에선 있을 수 없는 일이다. 적을 속이는 일도 꺼리는 판인데 우리 병사를 속이는 행동은 유가에서는 상상도 할 수 없다. 천지는 인간 삶의 윤리적 근원이거늘 천지를 알아 전투에 이용한다는 저급한 사고는 유가에게 혐오를 불러올 뿐이다. 나열하면 끝이 없을 것이다.

손자는 냉정하게 현실을 바라본다. 철학은 유물론적이다. 적과 지리 변화라는 상대/객체를 상수(常數)로 두기에 자기중심으로 사고하지 않는다. 때문에 현실의 유동성은 사고의 유동성과 한 몸이다. 손자는 체계적으로 숙고한다. 전쟁을 시작하는 계획부터 승리를 위한 전술적 사고까지, 국가의 경제상태에 따라 병력을 조직하는 것에서 현장의 지형지물과 식량조달에 이르기까지 그의 사고는 냉철한 현실파악과 상황인식에 뿌리를 둔다.

전국시대라는 역사적 상황, 전쟁이 일상화된 시대였다는 현실 조건이 손자의 사고를 현실적이고 냉정하게 만들었다 해도 손자의 탈(脫)관념적 사고는 이채롭다. 이후 사상가들의 저작이 쏟아져 나와 백가쟁명하는 시대에 진입해도 손자의 사상은 독창성에서 우뚝하다. 손자의 진면목은 현실성에 있다.

참고문헌

孫武 撰, 曹操等 注,『十一家注孫子校理』, 北京 : 中華書局, 2016.

리링,『전쟁은 속임수다 — 리링의『손자』강의』, 김승호 옮김, 글항아리, 2012.

원문 링크

『손자병법』 원문(https://ctext.org/art-of-war/zh)

『십일가주손자』 원문(https://ctext.org/wiki.pl?if=gb&res=389011)

참고 사이트

동양고전종합DB(http://db.cyberseodang.or.kr/front/main/mainmenu.do)

중국철학서전자화계획(https://ctext.org/zh)

「손자병법」 원문　「십일가주손자」 원문　동양고전종합DB　중국철학서 전자화계획